ADOLESCENTES: QUEM AMA, EDUCA!

IÇAMI TIBA

IÇAMI TIBA

ADOLESCENTES: QUEM AMA, EDUCA!

INTEGRARE
EDITORA

Editor
Maurício Machado

Capa
Katia Harumi Terasaka

Preparação de texto
Rosamaria Gaspar Affonso

Diagramação
Mambo Criação e Design

Revisão
Luciana Paixão
Valéria Sanalios
Ceci Meira

Produção editorial
Estúdio Sabiá

Dados Internacionais de Catalogação na Publicação (CIP)
(Câmara Brasileira do Livro, SP, Brasil)

Tiba, Içami
Adolescentes : quem ama, educa! / Içami Tiba. – São Paulo : Integrare Editora, 2005.

Bibliografia.
ISBN 85-99362-01-1

1. Adolescentes - Educação 2. Adolescentes - Relações familiares 3. Educação - Finalidades e objetivos 4. Família 5. Pais e adolescentes I. Título

05-6484 CDD-649.1

Índices para catálogo sistemático:
1. Pais e filhos : Educação familiar 649.1

INTEGRARE EDITORA LTDA.
Rua Tabapuã, 1123, 7º andar, conj. 71/74
CEP 04533-014 – São Paulo – SP
Tel. (11) 3815-3059 / 3812-1557
www.integrareeditora.com.br

Sumário

Parte 3
Estudo e trabalho

Agradecimentos

Livros são sementes que o destino leva por caminhos que o próprio autor desconhece.

Em terrenos férteis, elas germinam, gerando novos frutos.

São frutos que sofrerão transformações evolutivas conforme o terreno, o clima e o cultivador.

Assim, cada fruto pode ser diferente do outro e gerar sementes diferentes das originais.

Esta é a magia dos livros: cada leitor pode colher o fruto do seu interesse.

Agradeço à humanidade esta oportunidade de ser um semeador do bem, forma que encontrei para retribuir tantos benefícios que recebi de incontáveis pessoas que me ajudaram.

Sou grato a todos os meus mestres, professores e alunos que diretamente compuseram o meu saber;
aos familiares, parentes e agregados que tanto me estimularam e carregam com orgulho as minhas obras;
aos amigos e colegas, terapeutas e pacientes, palestrantes e palestrados que, ao trocarem idéias comigo, enriqueceram nossas sementes;
aos autores, não só os que constam da bibliografia deste livro, mas também a tantos outros que se transformaram em verdadeiras sementeiras;

e aos íntimos-estranhos leitores e telespectadores que me abordaram em aeroportos, festas, lojas e ruas, dizendo o quanto minhas obras os ajudaram.

Residem no meu coração a minha esposa, M. Natércia; nossos queridíssimos filhos André Luiz, Natércia e Luciana, a nossa caçula; Juliana, minha nora preferida; Maurício, meu genro preferido; e nossos preciosíssimos netos, Eduardo e Ricardo, frutos da união de Maurício com Natércia.

Atendendo pacientes de sol a sol, proferindo palestras em todos os cantos, apresentando programas de televisão, vivendo mais a família que o social, eu já "não tinha tempo para mais nada". Como poderia eu escrever mais este que será o meu 16º livro?

Aqui entra minha amada M. Natércia, que orquestrou toda a gestação e o parto deste livro. Encontramos uma expressão gostosa para informar a toda a família que eu estava escrevendo, portanto, não deveria ser perturbado: "Vou me encontrar com o meu leitor". Até meu neto Dudu, no auge da inteligência e criatividade dos seus 3 anos, passava por mim, e, me vendo teclar o computador, me olhava e balançava a cabeça com a expressão de quem estava entendendo tudo. Eu até escutava seu cérebro pensando: "Vovô 'tá' conversando com o leitor? 'Tá'?"

Dedicatória

Pegou-me de surpresa o resultado da pesquisa feita em março de 2004, pelo IBOPE, entre os psicólogos do Conselho Federal de Psicologia. Os entrevistados escolheram livremente os profissionais que mais admiram e/ou usam como referência:

1º lugar: Sigmund Freud;
2º lugar: Gustav Jung;
3º lugar: Içami Tiba.
Seguem C. Rogers; Lacan; M. Klein; Winnicott e outros.

Esses dados foram publicados no *Jornal de Psicologia* nº 141, edição julho/setembro de 2004, do CRP-SP.

Eu acreditava que meu público leitor eram pais e educadores. É com imenso prazer que recebo esta notícia e não quero me furtar à responsabilidade de ajudar também os multiplicadores do bem na promoção da saúde e qualidade de vida do ser humano na família, no trabalho e na sociedade.

Dedico este livro àqueles que lidam com adolescentes e suas famílias: pais, educadores, psicólogos, psiquiatras, psicopedagogos e outros psico-afins.

Este meu profundo "Muito obrigado!" vem do âmago do meu ser para um imenso e forte abraço a todos vocês.

Com carinho

IÇAMI TIBA

Jovens: de problema a solução

Quando Içami Tiba nos procurou para estabelecer uma parceria por meio desta sua nova obra, fiquei emocionada com sua disponibilidade em doar parte das vendas dos livros às ações do Instituto Ayrton Senna pelo Brasil. Senti-me honrada pela sua escolha. E fiquei muito feliz ao constatar que Içami, um escritor amplamente reconhecido, está focado num tema que é a raiz de nosso trabalho junto à juventude: viabilizar no jovem o que ele tem de melhor como força propulsora de grandes transformações na realidade brasileira.

E como realizar isso, como tocar nesse diamante bruto para ajudá-lo a se transformar em uma jóia rara? A resposta é clara: por meio da educação. Defendo que os jovens deste país merecem educação de qualidade que promova a descoberta e o desenvolvimento de seus potenciais.

Não me refiro apenas à educação escolar, mas também à familiar. A visão de juventude que predomina entre muitos pais é a de que seu filho adolescente é um problema.

Para muitos pais, ter um adolescente em casa é sinal de "encrenca" à vista. No entanto, os que souberem relacionar-se com seu filho de um jeito novo, entendendo suas necessidades e reconhecendo o potencial que trazem consigo, descobrirão que têm em seus lares um ser humano ímpar, fonte de iniciativas, repleto de uma energia transformadora, capaz de encontrar soluções criativas para situações de impasse.

O caminho para esse reencontro de adultos e adolescentes não é dos mais simples, mas é dos mais urgentes no mundo em que vivemos. Ver o jovem pelo seu potencial, apostar na sua capacidade e dar a ele as oportunidades educativas para que se desenvolva plenamente são os primeiros passos a serem dados e que estão ao alcance de todos nós, adultos.

O jovem, com certeza, saberá retribuir essa nova forma de acolhê-lo e se sentirá mais seguro para agarrar as boas oportunidades que surgirão em sua vida. Saberá, principalmente, fazer as melhores escolhas. Não as que só trazem benefícios para si mesmo, mas para o bem comum, porque o jovem necessário à sociedade de hoje precisa ser autônomo e solidário.

Ao Içami, o meu muito obrigada e os votos de pleno sucesso com mais essa grande contribuição aos pais e educadores que têm no seu cotidiano o prazer de conviver e aprender com o jovem.

Aos leitores desta obra, desejo sabedoria para apreender destas páginas mensagens otimistas que levem à construção de um novo jeito de olhar para a nossa juventude, pronta a deixar sua marca renovadora na história deste imenso país.

Viviane Senna

Presidente do Instituto Ayrton Senna

Ao mestre, com carinho

Muitos são os educadores, escritores e intelectuais que se debruçam sobre questões relativas à educação de crianças e jovens. Poucos conseguem tocar todos os pontos que permeiam esse tema abrangente com a competência e a seriedade necessárias. São mentores que detêm um modo singular de transmitir informações e conhecimentos. Um modo capaz de unir prática e teoria na medida exata. Içami Tiba – mestre que sempre compreendeu a grandeza de ensinar e, ao mesmo tempo, de aprender – é um desses homens cuja trajetória é exemplo e cujo trabalho nos serve como guia para que possamos experienciar a vida de maneira mais bela e nobre.

Prova disso é esta obra que você, leitor, agora tem em mãos. Um texto cuja principal qualidade é a sua preocupação em abordar a complexidade de situações, dramas, conflitos, sonhos e desejos comuns à vida de pais e filhos. Gerações diferentes que devem descobrir, juntas, as melhores maneiras de estabelecer uma convivência saudável e feliz neste início do século 21.

Psiquiatra de formação e profissional renomado na área de terapia familiar, o autor compartilha com os leitores todos os resultados de seu processo de aprendizagem ao longo dos anos, tempo em que se mostrou profundo observador das relações familiares. Relações marcadas por atitudes, frustrações, ansiedades, vitórias e derrotas de pais e de filhos que procuram seu auxílio no sentido de conseguir melhoras significativas na convivência familiar, na harmonia do lar, no seu processo de interação cotidiana.

Neste livro, as orientações de Içami Tiba compõem um caminho mais seguro para inúmeros personagens que atravessam um período ímpar da história da humanidade. Um tempo cuja rapidez dos processos de comunicação, tecnológicos e científicos tem influenciado de forma substancial o comportamento das pessoas.

Trata-se de um contexto em que, cada vez mais, é possível perceber a inversão de valores sociais e a confusão de sentimentos e sensações que se estabelecem não apenas entre as famílias, mas nas instituições de um modo geral. Pais e educadores constantemente se perguntam como agir frente à agressividade, à intolerância, ao preconceito, à sexualidade precoce das novas gerações, às suas relações com drogas lícitas e ilícitas, à rebeldia muitas vezes sem causa, ao seu descaso em relação aos estudos, à escolha da profissão, ao culto exagerado ao corpo... São muitas as dúvidas. E todas mereceram a atenção e a análise minuciosa do autor de *Quem Ama, Educa!*

Assim, nesta nova obra, Tiba revela as várias faces do processo educativo, na medida em que nos mostra a importância de olhar para o núcleo familiar de forma verdadeiramente ponderada, de maneira que possamos enxergar com precisão a importância do diálogo, da presença qualitativa dos pais dentro de casa, do carinho, do respeito e da tolerância mútuas – conquistas edificadas por meio de um processo lento, mas necessário. Uma via de mão dupla que visa ao crescimento contínuo dos membros da família como seres humanos dotados de razão e sensibilidade.

O autor nos mostra, também, que a autonomia dos filhos deriva, justamente, da sabedoria dos pais como educadores que depositam em seus aprendizes a confiança necessária para empreender novos desafios e jornadas. Tiba alerta para o quão prejudiciais são os pais superprotetores, incapazes de deixar seus filhos alçarem os vôos essenciais à construção de uma personalidade autônoma e independente.

A adolescência como um segundo parto, o desenvolvimento biopsicossocial, a maternidade precoce, que é uma realidade concreta na vida de milhares de meninas, a ausência de ordem, a propensa onipotência desses jovens, os caminhos que levam a uma família de "alta *performance*", o amor e a negociação entre pais e filhos e a importância da educação financeira são apenas alguns dos temas abordados por Tiba neste trabalho, que exigiu, certamente, fôlego de gigante e paciência oriental.

A grande virtude do autor neste texto é traduzir os anseios e as inquietações de todos os pais e educadores, como se estivesse escrevendo não para um grande número de leitores, mas para cada um de modo específico. É como se Tiba fosse o portador de uma chave única, capaz de abrir as portas do particular e do universal, analisando situações diversas com habilidade rara e linguagem acessível. Para ser preciso, uma linguagem que lembra tom de conversa, de debate com grandes amigos.

Seria clichê dizer que este livro é uma leitura obrigatória. Ela é, na verdade, não uma obrigação, mas um prazer. Um passaporte para uma viagem cuja rota é o aprendizado, e o destino, certamente, um porto que atende pelo nome de *felicidade*. A felicidade tão sonhada e que simboliza, a bem da verdade, o bem-estar, o sucesso e a sintonia perfeita entre nós e todos aqueles a quem mais amamos.

Gabriel Chalita

Secretário de Educação do Estado de São Paulo

Introdução

O objetivo deste livro é levar ao grande público o poder do conhecimento e a capacidade de melhorar a sua qualidade de vida. É a ciência chegando de modo compreensível e aplicável ao cotidiano das famílias. Os pais encontrarão recursos para lidarem com seus filhos de qualquer idade e os profissionais da área, as bases teóricas e os princípios fundamentais para o sucesso no relacionamento com eles.

Este livro está dividido em três partes: Adolescentes hoje, Família de alta performance, e Estudo e trabalho.

Para simplificar a localização dos temas neste livro, coloquei entre parênteses três números, indicando em seqüência: o primeiro se refere a uma das três partes; o segundo, ao capítulo; e o terceiro, ao item.

Trabalhando com adolescentes e suas famílias há mais de 37 anos, elaborei as *etapas do desenvolvimento biopsicossocial da adolescência* (1,2,1), cuja base biológica tem se mantido por milênios, mas com uma enorme evolução psicossocial, principalmente nas últimas gerações. Essas etapas facilitam muito a compreensão biológica (hormonal) dos seus inusitados comportamentos e reações.

Há mais de 50 anos, jamais algum cientista do comportamento previu que os pais se achariam perdidos perante filhos que, além de não respeitá-los, abusam e fazem-nos de marionetes dos seus desejos. Os adolescentes podem até entender o amor, a proteção, a força da educação e a preocupação que os pais sentem por eles, mas não compartilham esses valores. Os pais serão verdadeiramente compreendidos e valorizados quando seus filhos forem pais.

Os pais têm que clicar o teclado da vida e atualizar seus relacionamentos e propostas com este novo filho, não importa a idade dele. Os pais já viveram as suas adolescências, e os filhos estão vivendo pela primeira vez as suas, porém as duas adolescências são muito diferentes entre si.

A família vive um *segundo parto* (1,1,1), que é representado pelos pais parturientes e pelo adolescente, que nasce para a autonomia comportamental. Pode ser um parto antecipado, como no caso dos *tweens* (1,1,5), crianças com comportamentos juvenis, ou prolongado, como no caso da *geração carona* (1,1,6), adultos-jovens que continuam morando com os pais. Hoje entendemos melhor o *cérebro do adolescente* (1,3,2) e, na formação do seu *equilíbrio* (1,4,2), deveriam ser incluídos os *valores superiores* (1,4,5).

Os adolescentes atropelam a idade biológica (1,5,1), imitando os maiores. Eles querem fazer coisas para as quais ainda não têm *competência* (1,5,2), ou são atropelados pela *gravidez precoce* (1,6,2), porque ainda não entenderam que *usar camisinha é um gesto de amor*, e não colocaram esse gesto em prática (1,9,5), ou se envolveram com *drogas* (1,10,7). Mesmo sendo *"deuses"*, *têm os pés frágeis* (1,8,1), pois querem somente o prazer e fazem os pais assumirem as responsabilidades e as conseqüências que são deles, filhos.

A adolescência de hoje vive e assume os avanços tecnológicos até dentro de casa. Basta constatar o quanto mudou o *quarto do adolescente* (1,7,2) nos últimos 15 anos. O que era reclusão passou a ser conexão com o mundo, pois o adolescente freqüenta esquinas virtuais, jogando e conversando com amigos e estranhos do mundo inteiro. Os pais nem têm como identificar as "más companhias". "Coleiras virtuais" pouco funcionam com os jovens.

Se Freud estivesse vivo, empreendedor que foi, provavelmente ele teria clicado o atualizar na sua teoria e na sua prática. Hoje a família já não é mais exclusivamente consangüínea e pais podem casar com filhas, enquanto os filhos podem realizar o Complexo de Édipo, irmãos "postiços" podem se casar entre si. Já não se tratam mais incestos e/ou absurdas inadequações pelas *diferentes constituições familiares* (2,2,4) existentes.

Busquei a *pedra filosofal dos relacionamentos humanos globais* (2,1,1) para promover a equilibrada, progressiva e feliz convivência familiar, pois é um excelente exercício de vida cidadã, que deve começar dentro de casa. A convivência relacional com os *diferentes e desconhecidos* (2,1,9) e com os conhecidos em *relacionamentos verticais e horizontais* (2,1,7) tem que ser baseada na *linguagem do amor* (2,1,11) e não no *preconceito, o veneno mortal dos relacionamentos* (2,1,9).

Longe das estruturas piramidais de autoridade e autoritarismo patriarcal, as famílias, como equipes, buscam a *alta performance* (2,2,12) para alcançar a felicidade e o sucesso pessoal e profissional. A educação passa a ser um *projeto de vida* (2,2,5), com estratégias de ação. Os pais não deveriam ficar reinventando a roda caseira cada vez que tivessem que interferir na vida dos filhos, a cada problema que surgisse. Se essas interferências não derem bons resultados, não é a roda quadrada que se colhe, mas a infelicidade familiar, gerada pela falta de educação ética que vai imperar.

Para ser feliz nos relacionamentos, só o amor não é suficiente, por maior que ele seja. É importante ter *maturidade no amor* (2,3,11). No relacionamento entre pais e filhos, o amor passa por diversas *etapas* (2,3,1): amor dadivoso; que ensina; que exige; que troca; e que retribui. O *assédio moral* é uma distorção do amor (2,3,8).

Sem tempo (2,4,1) para nada, os pais têm que achar um tempo para se dedicar aos filhos. O momento sagrado do atendimento eficiente aos filhos é quando estes fazem seus *pit stops* (2,4,7) e não quando os pais têm disponibilidade. Nada como um pai, ou mãe, levar o filho para *acompanhar um dia do seu trabalho* (2,4,6) com o propósito de recuperar e melhorar o vínculo entre eles.

Na parte 3, enfoco o estudo e o trabalho, áreas em que surgem os resultados de uma boa educação e formação e colhe-se o sucesso profissional, um dos ingredientes da felicidade. Os pais e os educadores não preparam os filhos e alunos para a vida profissional, como aponto em *falhas escolares e familiares* (3,5,3). Demonstro como o estudar é importante e o *aprender é essencial* (3,1,1), portanto, os pais têm que ficar *de olho no boletim* (3,2,1). O dinheiro é um dos valores que movem o mundo, por isso é preciso aprender a lidar com ele; daí a importância da *educação financeira* (3,3,1), da qual fazem parte as *dez lições aprendidas com mesadas (receitas) curtas* (3,3,6).

Para se desenvolver uma boa *performance profissional* (3,4,1) é preciso que os pais insistam com seus filhos para que eles tenham *competência* (3,4,4), sejam *comprometidos* (3,4,5), *empreendedores* (3,4,7) e *progressivos* (3,4,3). Os *estágios e primeiro emprego* (3,4,2), *pai-patrão* (3,5,4), *pais que fazem o que os patrões não fazem* (2,2,11), os *critérios de escolha dos trabalhos juvenis* (3,5,7), os *estudos e/ou trabalhos dos jovens* (3,5,6) são temas instigantes e importantes para todas as famílias com filhos jovens. A *geração carona* (3,6,1) é um fenômeno atual de adultos-jovens com diploma universitário, mas sem trabalho, e que ainda vivem como adolescentes na casa dos pais, propiciando um novo estilo de vida.

Preparar os filhos para os negócios dos pais (3,6,5) é uma arte que necessita um cuidado especial. Existem filhos cigarras que viveriam bem com o respaldo administrativo de eficientes formigas contratadas. Não é obrigatório que pais ricos tenham filhos nobres e muito menos netos pobres. Para tanto, existem os *workshops familiares* (3,6,6).

O mundo seria melhor se houvesse menos corrupção e é bom saber que o *desvio de verbas começa em casa* (3,7,1). Os pais não deveriam *"engolir sapos"* (Conclusão) dos filhos nem vice-versa. Sapos domésticos podem resultar em *pirataria na Internet* (3,7,5), e violência em casa, em bullying na escola, que pode evoluir para o *ciber-bullying* (3,7,6).

Acredito piamente que após a leitura deste livro nenhum pai, nenhuma mãe, nenhum educador serão os mesmos. Conseqüentemente, tampouco os filhos e os alunos permanecerão como estão hoje. Eles poderão melhorar, e muito...

Boa leitura!

Parte 1
Adolescentes hoje

Adolescente

Adolescente é adrenalina que agita a juventude,
tumultua os pais e
os que lidam com ele.

Adrenalina que dá taquicardia nos pais,
depressão nas mães,
raiva nos irmãos,

que provoca fidelidade aos amigos,
desperta paixão no sexo oposto,
cansa os professores,
curte um barulhento som,
experimenta novidades,
desafia os perigos,
revolta os vizinhos...

O adolescente é
pequeno demais para grandes coisas,
grande demais para pequenas coisas.

IÇAMI TIBA

CAPÍTULO 1

Adolescência: o segundo parto

Uma ordem do cérebro dá a largada. A partir dela, os testículos e os ovários iniciam a produção de hormônios que vão transformar meninos e meninas em homens e mulheres. O processo biológico dos cromossomos é o mesmo há milhares de anos.

Mas só a carga genética não basta para transformar crianças em adultos. Ela é complementada pelo processo psicológico, regido pela lei do "como somos". Desde os primeiros dias de vida, a criança absorve tudo o que acontece ao seu redor. O relacionamento com os pais (ou substitutos) é fundamental na construção dessa bagagem.

Os 34 milhões de jovens que vivem atualmente no Brasil são muito diferentes dos seus pais quando eram adolescentes.

Pelo "como somos" a criança chega à maturidade passando por mais dois partos. Na adolescência, o segundo parto leva à autonomia comportamental. Pelo terceiro parto, o adulto-jovem conquista a independência financeira.

Pelo segundo parto, a criança se transforma em púbere e adolescente.

1. O PÚBERE ESTÁ PARA O BEBÊ...

O bebê representa o período de desenvolvimento que parte da dependência total até a independência parcial. Aos 2 anos de idade, teoricamente, a criancinha já se reconhece, comunica suas necessidades instintivas e se recusa a fazer o que não tem vontade.

A **puberdade** marca o fim da infância e o começo da adolescência, assim como o bebê, o fim da gestação e o começo da infância. A puberdade, já pertencendo à adolescência, está muito bem definida no desenvolvimento biológico pelo aparecimento dos pêlos pubianos, resultado da produção dos hormônios sexuais. Ela é marcadamente um processo biológico.

O bebê teve que aprender quase tudo sobre o que lhe acontecia e como as outras pessoas se relacionavam com ele. O púbere tem que apreender o que está acontecendo com o seu corpo, pois os hormônios provocam mudanças nas sensações, nos sentimentos, na capacidade de entender e reagir às outras pessoas, independentemente da sua vontade. Essa percepção e esse entendimento de si mesmo, ele tem que fazer por si próprio.

Os pais do bebê têm que fazer tudo por ele pelo amor dadivoso, até ele começar a fazer sozinho o que quer e/ou precisa. É muito importante que a criancinha comece a fazer as coisas conforme sua capacidade. Se alguém for "ajudar" a criancinha a fazer algo, ela pode até brigar para querer fazer sozinha. Ela quer crescer, sentir-se capaz de realizar pequenas ações. Está na hora de os pais acrescentarem ao relacionamento o amor que ensina. Quanto mais ela aprender, tanto mais a sua auto-estima melhora e mais segura ela se tornará.

Vi na área de alimentação de um shopping uma criancinha, sentada no seu cadeirão, que brincava com seus brinquedinhos enquanto sua mãe lhe punha a comida na boca. Ela queria pegar a colherzinha. A mãe não lhe entregava e ainda ficava brava quando ela insistia. Essa mãe queria continuar dadivosa quando já estava na hora de ensinar.

Que bom seria se aquela mãe desse uma colher pequenina que a criancinha pudesse pegar e deixasse que ela pegasse sua comidinha, mesmo que ela derramasse, sujasse a boca, usasse a colher como brinquedo. Bastaria uma complementação da mãe com outra colher e assim todas, criancinha e mãe, estariam compartilhando a refeição.

Há mães que não admitem interferências nos seus relacionamentos com os filhos. São mães onipotentes que acreditam que se foram capazes de gestar, parir e criar um filho, saberiam também educá-lo. A realidade atual tem comprovado que elas se enganam.

Mais tarde, mesmo tendo condições de comer sozinha, a criança pedirá à mãe que lhe sirva as coisas, que lhe amarre o cadarço do tênis mesmo já sabendo escrever. A habilidade de escrever e a de amarrar os cadarços são praticamente as mesmas. Essa mãe poderá vir a ser a serviçal do filho adolescente, pois está castrando a possibilidade de ele se arranjar sozinho.

O púbere já não quer que seus pais interfiram nas suas descobertas sexuais. O que os pais fazem de melhor é dar-lhe esse tempo, respeitar sua privacidade até que se comprove que não a merece.

Caso os pais insistam querendo dar o amor dadivoso e o amor que ensina para quem não está, naquele momento, querendo recebê-los, estarão sendo inadequados. Correm os pais riscos de serem rechaçados pelo púbere. Esse rechaço funciona como uma espécie de fórceps às avessas para arrancar momentaneamente os pais de sua vida. Este cordão umbilical parece que funciona às avessas, como se os pais é que precisassem ser úteis ao filho.

Aqui é que os atendimentos *pit stops* ganham muita força. Significa que os pais poderiam aguardar o momento de serem procurados.

2. ... ASSIM COMO O ADOLESCENTE ESTÁ PARA A CRIANÇA

A infância funciona como uma socialização familiar e comunitária, em que a criança apreende os valores, sendo alfabetizada e praticando noções de convivência com as pessoas da família e os conhecidos. Sua ida à escola é fundamental para a sua socialização, um novo ambiente escolhido pelos pais no qual a criança se expande.

Crianças imitam comportamentos dos colegas, da televisão, dos próprios pais... Enquanto se ensina à criança comportamentos adequados, os pais têm acesso às origens dos inadequados. A interferência dos pais nestes ambientes pode ajudar todas as crianças. A não tomada de atitudes pode ser vista como negligência.

Uma criança pode ver uma colega agredindo outra colega e nada lhe acontecer. Ela volta para casa e agride sua irmãzinha. Os pais dela podem não aceitar essa agressividade gratuita, mas será muito melhor ainda tomarem providências para que a escola também trabalhe essa situação de maneira mais adequada.

A **adolescência** é um período de desenvolvimento psicossocial, no qual se afasta da própria família para se adentrar nos grupos sociais. Agora chegou a vez dos amigos de sua própria escolha. Eles adoram andar com seus semelhantes e ir para os locais de sua própria escolha.

Não é raro o adolescente querer escolher até a própria escola e também querer acompanhar os amigos que mudam de escola. Mesmo que os pais mudem de bairro, é bem capaz de ele permanecer voltando ao bairro onde ficaram seus amigos.

Com amigos enfrenta o mundo, mas quando sozinho o adolescente pode perder a coragem de abordar um estranho. Em casa freqüentemente se indispõe com os pais, mas na rua tolera amigos inconvenientes.

Se a puberdade pode ser comparada à fase do bebê, a adolescência corresponde à infância. É um período de desenvolvimento constante até se atingir a fase de um adulto-jovem. Se na infância a escola é fundamental, na adolescência acrescenta-se a importância da amizade, desenvolvem-se outros tipos de relacionamentos, e o interesse afetivo-sexual cresce muito.

Os pais agora têm que adotar um novo posicionamento educativo. Não se pode mais ser como pais de bebê com o amor dadivoso, como pais de crianças com o amor que ensina, pois agora o que o adolescente mais precisa é se preparar para a vida futura, fazendo o que sabe, ajudado pelo amor que exige.

Por mais que queiram e possam, os pais devem se abster de tomar uma atitude pelo filho adolescente, a não ser que ele esteja comprovadamente impossibilitado de fazê-lo. Mesmo assim, é melhor ele mesmo enfrentar a situação na escola por não poder fazer as lições do que os pais fazerem por ele.

É na adolescência que o filho lança-se ao mundo, e aos pais cabe torcer por ele e socorrê-lo quando preciso. Também é da responsabilidade educativa dos pais interferir quando algo não vai bem, sob pena de estar negligenciando a educação.

Sofrem os pais cujos filhos adolescentes pertencem ao grupo de risco de serem vítimas da violência social, do abuso de drogas. Pouco resultado dá ficar vigiando, controlando seus passos, laçando-os com o cordão umbilical para trazê-los de volta para casa, ou usarem a coleira virtual (telefone celular, GPS, etc.)

É preciso que os pais preparem seus filhos internamente, seja por liberdade progressiva, seja por terapia, para que eles aprendam a se proteger sozinhos, a não se exporem tanto aos perigos nem às drogas. Não há como protegê-los fisicamente se eles mesmos ficam buscando o perigo.

3. ADOLESCENTES DE HOJE

Os adolescentes de hoje começaram a ir para a escola praticamente com 2 anos de idade.

Com suas mães trabalhando fora de casa, e o pai trabalhando mais ainda, eles passaram sua infância na escola, com pessoas cuidando deles, num mundo informatizado. As ruas foram trocadas pelos shoppings, a vida passou a ser condominial, e as esquinas das padarias transformaram-se em esquinas virtuais e lojas de conveniência.

As famílias, além de ficarem menores, se isolaram. Convivem mais com amigos que com familiares. Não visitam tios e primos, às vezes nem os avós. Essa convivência familiar menor que a social pode estar fazendo falta para a formação de vínculos familiares e valores na formação dos jovens. São valores como gratidão, religiosidade, disciplina, cidadania e ética.

São tantas as variáveis que aconteceram para a geração de adolescentes de hoje que podemos comentar mais a simultaneidade que a causalidade dos seus comportamentos.

Hoje os adolescentes são muito apegados ao seu social, seus amigos, seus programas, suas viagens, a ponto de os seus pais sentirem-se meros provedores.

4. APEGO FAMILIAR DOS JOVENS, APESAR DOS AMIGOS

O apego familiar continua existindo, principalmente quando os pais são afetivos, mostrando que, mesmo que tenham ido muito cedo para a escola, os jovens carregam dentro de si o espírito de família.

Tenho ouvido aqui e acolá que a família está acabando. Não creio. O que realmente prejudica a família são os maus casamentos. As pessoas que se separam costumam casar-se outra vez, ou seja, querem outra oportunidade para constituir família. Todos que se casam gostariam de viver bem com seus respectivos cônjuges, ter filhos e constituir uma "família feliz".

O que se percebe é a separação conjugal cada vez mais freqüente, menos traumatizante e mais fácil, com os filhos aceitando bem a nova situação dos pais. Somente os maus casamentos que acabam em más separações é que continuam prejudicando os filhos. Portanto, não é a separação em si que prejudica os filhos, mas a má separação.

Uma grande mudança é que casais separados querem continuar com os filhos. Isso pode não ser novidade para a **maternagem**, mas é uma grande mudança para a **paternagem**. Era quase uma constante que os filhos do casal ficassem com a mãe. Hoje um bom número de pais masculinos reivindica permanecer com seus filhos.

É bastante comum os filhos pequenos ficarem com a mãe, e à medida que se tornam adolescentes, eles mesmos reivindicarem morar com o pai. Alguns desses filhos acabam preferindo morar com o pai para escapar da maternagem e seus controles.

O que os adolescentes querem é não mais ser tratados como crianças. Quando os pais assim fazem, estão desperdiçando a ajuda e o companheirismo que os adolescentes podem lhes oferecer.

O adolescente precisa dos amigos e dos pais de diferentes maneiras, e uns não eliminam nem são melhores que os outros. Cada um preenche a seu modo as necessidades juvenis.

5. ADOLESCÊNCIA ANTECIPADA: GERAÇÃO TWEEN

Há 37 anos trabalho com adolescentes. Quando me perguntavam até que idade eu atendia, eu brincava, respondendo: "Adolescentes de qualquer idade!", e as pessoas sorriam. Hoje, dou a mesma resposta, e logo vem um pensamento comum. "É mesmo, existem adultos que são adolescentões" ou: "É mesmo, existem crianças metidas a adolescentezinhos!"

Essas expansões para menos idade, os tweens, e para mais idade, a geração carona, são novidades psicológicas, familiares e sociais que a média dos pais nunca viu e nem tinha idéia que assim aconteceria.

O termo **tween,** na linguagem cifrada da informática, vem do corte da palavra inglesa *between*, e significa uma etapa entre a infância e a adolescência. Em nada altera o desenvolvimento biológico, pois são crianças crescidas, de 8 a 12 anos, que na sua grande maioria ainda nem entrou na puberdade.

Os tweens são crianças que começaram a ir para a escola com menos de 2 anos de idade. São muito independentes para a idade e querem consumir produtos copiando os adolescentes. Os pais não limitam os seus desejos de consumo.

Funcionando como pequeninos adolescentes, os tweens são inteligentes, gostam de desafios, conversam "como gente grande", acham outras crianças muito chatas, já formam, dentro do que podem, pequenos grupos de semelhantes, com quem se comunicam intensamente via Internet e celular, superespecialistas que são em teclados. Argumentam com boa propriedade com os seus pais, que, se descuidarem um pouco, acabam sendo dominados por eles.

Nem sempre a convivência com os tweens é tranqüila, principalmente quando estão atacados pelo desejo por um objeto de consumo. É preciso que os pais aprendam a negociar com eles, caso contrário, não há consumo que chegue, ou dinheiro que agüente.

Há situações com as quais os pais podem arcar, como o consumismo, mas em termos de comportamentos é preciso muito cuidado, pois o corpo pode não estar ainda preparado para os programas que o tween quer fazer.

Fica difícil para pais, sem tanta folga financeira e não consumistas, satisfazerem os seus filhos que vivem em companhia daqueles tweens que acabam tendo tudo o que querem, pois seus pais consumistas fazem questão de dar-lhes tudo o que vêem.

É comum outras crianças quererem ter o que os tweens têm. Mas se os pais negociarem bem os desejos dos filhos com suas reais possibilidades, esses filhos terão uma boa educação administrativa e financeira, que vai ajudar toda a família. Leia mais no capítulo *Negociação entre pais e geração tween.*

6. ADOLESCÊNCIA EXPANDIDA: GERAÇÃO CARONA

Após a adolescência vem a maioridade civil, aos 18 anos de idade, segundo o Código Civil Brasileiro de 2002.

Mesmo tendo os 18 anos completos, o filho continua dependendo financeiramente dos pais e assim vai continuar até ter completado os estudos e desse modo poder conquistar a sua independência financeira.

Existe uma etapa, na qual eu situo o **adulto-jovem,** que vai desde os 18 anos até a conquista da independência financeira, que eu considero um **terceiro parto**.

Mas não é raro encontrar adultos-jovens na faixa entre 25 e 30 anos de idade morando "ainda" com seus pais. "Ainda" porque tendo já concluído o terceiro grau estão aptos ao trabalho, mas 70% deles não conseguem emprego. Essa **geração carona** é composta por adultos-jovens com vida social independente, mas ainda vivendo à custa de mesada e morando como adolescentes na casa dos seus pais. É a adolescência invadindo a vida adulta.

Desde os dois anos de idade, estudando bastante, sem nunca ter repetido de ano, e agora, formado, tem um diploma universitário na mão e está sem emprego. Mas ele não está só. Ele engrossa a geração carona.

Uma geração que concentra 50% dos 7 milhões de desempregados totais do país. Essa geração vive transitoriamente de carona na casa dos pais, até conseguir emprego e partir para a independência financeira. Esse período de carona é quanto dura o "terceiro parto".

Segundo a ONG Via de Acesso, apenas 30% dos adultos-jovens trabalham em sua área de formação. Uma porcentagem menor infiltra-se nos negócios dos pais e a grande maioria é obrigada a continuar estudando, qualificando-se mais para enfrentar a competição cada vez mais acirrada por uma vaga de trabalho e por um salário indigno de um universitário graduado. É revoltante! Mas tem que ser enfrentado. Leia os seguintes capítulos: *Amor e negociações entre pais e filhos* e *O terceiro parto.*

No passado, era corrente esta idéia que os pais tinham: "Enfim, a nossa parte acabou. Até agora demos tudo o que você precisou. Agora é com você. Com seu diploma na mão, você tem um futuro pela frente!"

Hoje, com a difícil situação socioeconômica do país, a geração carona e os seus pais vivem apreensivos, preocupados e angustiados com um futuro que lhes bate à porta, bem diferente do que eles tanto almejaram. Alguns mais desanimados se questionam: "Será que valeu a pena ter estudado tanto?"

Valeu, sim, porque está mais difícil o emprego para quem é pouco preparado, isto é, que fez somente até o colegial, e muito mais difícil ainda para quem é analfabeto. Valeu porque o estudo não serve somente para o trabalho, mas também melhora muito a qualidade de vida e qualifica a cidadania.

A maior dificuldade da geração carona é a de ultrapassar a etapa das entrevistas iniciais. Uma vez dentro das empresas, o estudo pode fazer a diferença. Um empreendedor sem estudo tem seu valor, mas seria melhor se tivesse estudo. Chegam aos melhores cargos as pessoas mais bem preparadas, que não são obrigatoriamente as que tiravam as maiores notas nas provas escolares. A vida é mais ampla e exige mais do que se exigia nas provas.

Uma pessoa, para se preparar para a vida, tem que desenvolver simultaneamente outras áreas e cursos complementares de preparo administrativo, financeiro, relacional, de empreendedorismo e outros tantos que podem oferecer as diferenças que estimulam a particular ascensão profissional.

Leia mais no item *Geração carona* e no *Geração carona com sucesso*, no capítulo 6: *O terceiro parto.*

CAPÍTULO 2

Adolescência: resumo do desenvolvimento biopsicossocial

Uma inundação hormonal, um terremoto corporal e uma confusão mental. Dessa forma tem início a adolescência. A entrada em cena dos hormônios sexuais ocasiona a puberdade, um despertar sexual em meio a um tumulto vital.

Com a puberdade, tem início o amadurecimento sexual biopsicossocial. O adolescente muda aos poucos o seu modo de ser, num movimento "de dentro para fora", em busca de independência e autonomia. Adora e precisa ficar sozinho em casa e estar entre outros da mesma idade.

Adolescentes adoram a escola, o que os atrapalha são as aulas. Escola é lugar de reunir, fazer tumultos na porta, e não ficarem sentadinhos, como "múmias", isolados nas suas carteiras...

A adolescência envolve tanto os pais como parturientes quanto os filhos como nascentes.

Aborrescência é a adolescência tumultuada, que incomoda os pais. Acostumados a lidar com filhos crianças, os pais agora têm que se reorganizar perante os adolescentes. Os pais também podem ser os "aborrecentes" dos filhos. É necessário que os pais adolesçam (rejuvenesçam) juntos com seus filhos adolescentes (crescentes).

Puberdade é um amadurecimento muito mais biológico e a adolescência, um desenvolvimento biopsicossocial. A adolescência envolve a puberdade.

A puberdade começa nas meninas em torno dos 8–10 anos e nos meninos, entre 9 e 11 anos.

Biologicamente as garotas terminam a puberdade quando surge a **menarca**, em média por volta dos 11-12 anos. Os rapazes, com a mudança de voz, que se dá entre 13 e 17 anos. Mas a adolescência continua.

1. ETAPAS DO DESENVOLVIMENTO DA ADOLESCÊNCIA

Assim como a infância tem suas etapas de desenvolvimento, a adolescência também tem as suas, e elas foram inicialmente apresentadas no meu livro *Puberdade e Adolescência – Desenvolvimento Biopsicossocial*, publicado em 1985.

Por ordem seqüencial cronológica, apresento as seguintes etapas do desenvolvimento psicossocial da adolescência, determinadas geneticamente: confusão pubertária; onipotência pubertária; estirão; menarca; mudança de voz; e onipotência juvenil.

As características psicossociais não são como as biológicas, que inexoravelmente evoluem. Elas têm épocas para surgir, mas vão desaparecendo à medida que os conflitos vão sendo resolvidos. Os não resolvidos vão se acumulando às etapas seguintes. Assim é que um onipotente juvenil pode apresentar ainda comportamentos de etapas anteriores e mesmo infantis.

Apresento a seguir, muito resumidamente, essas etapas.

2. CONFUSÃO PUBERTÁRIA

Com o surgimento do pensamento abstrato, todo o esquema funcional anterior do cérebro, que era praticamente concreto, vai sofrer uma adequação. O raciocínio hipotético, as piadas de malícia, os subentendidos vão se acrescentando aos concretos, que não desaparecem imediatamente. É uma espécie de novo-rico, com muito dinheiro, mas ainda simplório.

Os confusos pubertários já entendem algumas idéias abstratas, mas podem tratá-las concretamente.

Essa etapa precede as modificações corporais. Nas garotinhas, acontece por volta dos 9 anos (3ª série do ensino fundamental); nos garotinhos, em torno dos 11 anos (5ª série). É a mente que organiza o esquema corporal.

O garotinho começa a ficar desastrado e derruba copos e comidas quando come e a garotinha pisa nos pés dos pais quando os abraça. Eles perdem a noção de esquema corporal, que é a representação mental do próprio corpo. Na cabeça desse garotinho, sua mão ainda é pequena, e a garotinha não aprendeu que seu pé chega antes dela...

As garotinhas dão muita importância aos relacionamentos; os garotinhos, para o desempenho. É como se a auto-estima feminina dependesse do número de amigas que ela tem e a auto-estima masculina, do que o garotinho é capaz de fazer.

Nessa fase, as garotinhas começam a desmontar o armário para sair. Quanto mais roupas tiverem, maior é a indecisão. As roupas são para mostrar como elas gostariam de ser, crescidas, mas também escondem o que elas não gostam em si.

Os garotinhos ganham naturalmente mais força física, resultante da ação da testosterona nos músculos. Assim, vivem querendo experimentá-la por meio de competições, busca de lideranças, brigas territoriais.

Nessa fase, garotinhos e garotinhas ainda aceitam e freqüentemente pedem a ajuda dos pais. No entanto, em geral, eles são mais desobedientes do que elas. Se um garotinho transgredir as regras e não acontecer nada com ele, passará a agir como se ele fosse o líder, o que significa que ele pode fazer o que quiser.

3. SÍNDROME DA QUINTA SÉRIE

Ao entrarem na 5ª série, as garotinhas já estão saindo da confusão pubertária. Seu pensamento abstrato está mais desenvolvido que o dos garotinhos, que ainda estão em plena confusão mental. Vêem no horário escolar a programação para quinta-feira e levam o material de sexta-feira. Estudam Geografia para a prova de amanhã, que é de História. Às vezes, os garotinhos nem entendem a pergunta que o professor faz. Eles apresentam uma incapacidade biológica de acompanhar a 5ª série e sofrem em função desse descompasso. Não é de estranhar, portanto, o alto índice de repetência dos garotinhos nessa fase.

Ao conjunto dos sofrimentos apresentados pelos meninos/garotinhos na quinta série do primeiro grau, dei o nome de **síndrome da quinta série.**

E o pior é que as garotinhas da 5ª série ainda desprezam os garotinhos da sua própria classe, o que fere a auto-estima masculina e prejudica ainda mais seus desempenhos e capacitações.

Os meninos/garotinhos de 11 anos não estão prontos para acompanhar as exigências curriculares da 5ª série. Ao contrário das garotinhas. Quando elas começam a ser solicitadas, já estão preparadas para atender a demanda. Têm a casa psíquica pronta e arrumada. Com os meninos/garotinhos acontece o equivalente a ter a casa assaltada no momento da mudança, quando as jóias estavam em cima da cama.

Os garotinhos precisam receber uma educação diferente, não por machismo, apenas porque funcionam de outro modo. Exigir deles o que ainda são incapazes de fazer complica muito a vida de todos, principalmente a deles, meninos/garotinhos. O mais sensato seria exigir de cada um o que fosse capaz de produzir.

Como sugestão, proponho que essa diferença seja levada em conta pela Psicologia e pela Pedagogia e que os educadores encontrem uma saída adequada para esse problema real, de raízes biológicas. Os meninos não têm culpa nem responsabilidade de não terem o desenvolvimento necessário para acompanhar a quinta série. O erro está mais no sistema, o qual exige do menino/garotinho o que ele não tem condições de produzir. As garotinhas de 11 anos de idade já estão muito mais amadurecidas, algumas já até menstruam...

***Uma das possibilidades é que os meninos entrem na 1ª série um ano depois das meninas, como já propus no livro* Puberdade e Adolescência – Desenvolvimento Biopsicossocial.**

Enquanto isso não se resolve, os pais podem ajudar os meninos/garotinhos na sua dificuldade de organização. Estabelecer a programação do dia escolar, conferir com eles os materiais e as datas das provas, e não se incomodar com as atrapalhações que eles vivem.

4. ONIPOTÊNCIA PUBERTÁRIA

Os **onipotentes pubertários** estão na etapa do Deus Rebelde (para os garotos), em torno dos 13 anos (7ª série) e do Viver em Função da Turma (para as garotas), em torno dos 10 anos (4ª série).

A garotinha quer ter seu grupo de amigas. Viver em grupo é viver alvoroçado, falando muito sobre as garotas e mal, se forem de outras turmas. Telefonemas, bilhetinhos, torpedos fazem parte de sua rotina. Mal chega em casa e já voa para o telefone ou para a Internet.

A garota que não se enturma geralmente não está bem. Como estão na onipotência pubertária, essas garotas jamais aceitarão que sobraram ou que foram rejeitadas. Preferem dizer que são elas que não querem se enturmar e que acham muito bobinhas e fúteis as enturmadas. Isso dura até conseguir se enturmar, quando considera ridícula aquela garota isolada.

Já os garotos vivem a fase da onipotência pubertária a pleno vapor. Têm "muito hormônio para pouco cérebro". Cheio de testosterona, o garoto começa a apresentar modificações corporais (poucas) e comportamentais (muitas).

Quando engrossam os primeiros pêlos pubianos, inicia-se também a formação de espermatozóides (semenarca). Do ponto de vista da reprodução, já podem ser férteis, apesar de serem ainda tão garotinhos.

O que os diferencia muito das garotas é o interesse pelo desempenho sexual. Enquanto não chega o grande dia do encontro sexual com uma mulher (seja ela qual ou quem for), ele se masturba diariamente.

O "testosterônico" garoto quer fazer valer o seu ponto de vista, mesmo que ainda não o tenha. Sua onipotência é uma reação convicta contra a solicitação e a imposição que o atingem. Ele ainda não se sente forte, mas tem que mostrar que é forte para a sua auto-afirmação a pedido da sua testosterona. É a **rebeldia hormonal**.

A oposição é uma forma de organização mental. Mau humor é freqüente nessa etapa e a raiva se transforma em ódio. Esta é a etapa em que o garoto mais briga na rua. Tem sempre um olho roxo, e/ou um esparadrapo na pele, e/ou a camiseta rasgada...

Começa a enfrentar fisicamente os pais. Se a mãe lhe der um beliscão, mesmo com lágrimas nos olhos, afirma: "Não doeu!!!" Agora quanto mais agüentar o sofrimento e a dor, mais macho ele sente que é.

5. SÍNDROME DA SÉTIMA SÉRIE

Em geral, a onipotência pubertária se manifesta na escola da seguinte forma: o garoto não consegue estudar Matemática, então diz que "decidiu repetir de ano". Na verdade, ele encontra dificuldade na matéria, mas proclama que não quer passar. Essa postura garante a ele a sensação de vantagem, já que não suporta a sensação de falência. Oposição e agressão são outros mecanismos de defesa.

Aos 13 anos, em plena onipotência pubertária e desprezados pelo sexo oposto, os garotos já são reprodutores. Só pensam em sexo. É a idade da pornografia. Para eles, qualquer carniça é filé mignon. Assim, o corpo da professora é mais interessante que a aula.

A garota da mesma idade está duas fases adiante, na menarca. Vive a onipotência pubertária antes dos garotos, e de um modo mais suave, já que os hormônios femininos estimulam o estabelecimento de relacionamentos, primeiro entre elas e depois com o sexo oposto.

Os garotos onipotentes exigem dos pais uma mudança radical de comportamento. Afinal, o filho não quer receber ajuda de nenhum adulto, muito menos dos próprios pais. Aceitar ajuda, na visão dele, é ser tratado como criança.

O que os pais podem (e devem!) fazer é ajudar na organização das tarefas, desenvolvendo priorizações nas atividades básicas do dia-a-dia familiar e escolar. É importante que eles escolham os procedimentos a serem tomados para realizar o que foi estipulado.

Convém lembrar que qualquer combinação deve ter um prazo de execução e deixar claro quais serão as conseqüências, caso não cumpra a parte dele no acordo. O que é combinado é barato. Não dá para simplesmente aplicar alguma conseqüência sem antes ter combinado.

6. ESTIRÃO

É quando se operam as maiores modificações corporais. O **estirão** se caracteriza por um grande desenvolvimento físico, dirigido sobretudo pelo crescimento dos ossos da coxa (fêmur) e da perna (tíbia e perônio). Geralmente o mocinho cresce para cima e a mocinha para todos os lados: para a frente (seios), para trás (nádegas), para os lados (quadris), mas muito pouco para cima.

Na mocinha, geralmente o estirão termina com a chegada da primeira menstruação (menarca), portanto, ocorre em torno dos

11-12 anos de idade. É uma etapa curta, que leva em média de um a dois anos.

No mocinho, começa depois dos 12 ou 13 anos. Ele cresce por dois ou três anos e pára quando muda a voz (mutação).

De 1967 a 2000, houve um crescimento de 8 cm na estatura dos jovens, conforme estudo da Faculdade de Ciências Médicas da Unicamp, causado pela melhoria das condições de vida.

O interessante é que, até para crescer, os mocinhos fazem uma coisa de cada vez. Primeiro o físico, depois a parte mental. Por isso, é comum um mocinho de 14 anos, com 1,90 m de estatura, ouvir o pai com bastante atenção e quando o pai lhe perguntar: "Você entendeu?" e ele responder com aquele olhar distante: "Hã?" como se nem tivesse escutado. A mocinha da mesma idade já entende tudo e capta inclusive a mensagem não dita.

Nem sempre o estirão é tão visível para os mocinhos que não ganham tanta estatura. Parece que o corpo fica parado enquanto o cérebro vai amadurecendo aos poucos.

As filhas já começam a funcionar como polvos: são polivalentes nas ações e fazem pouco dos mocinhos da mesma idade, geralmente mais imaturos, embora já funcionem como cobras.

Quanto menor for a auto-estima, mais defeitos o(a) mocinho(a) enxerga nessas mudanças físicas. As mocinhas ficam muito preocupadas com o desenvolvimento dos seios. Ficam constantemente examinando os seios para ver se são simétricos, desiguais ou tortos, imensos ou ausentes.

São fases de angústia e timidez de se expor em público. Nessa idade é bastante comum as mocinhas quererem fazer cirurgia plástica estética. Não se opera o que estiver em pleno desenvolvimento.

Os mocinhos ficam muito preocupados com o tamanho do seu pênis. Ganhando estatura, ou peso, a impressão que o mocinho tem é de que seu pênis encolheu. O pênis somente vai adquirir as proporções e a forma de adulto após a mutação da voz.

O estirão do mocinho geralmente é uma fase de muita timidez, com ataques de isolamento. Prefere ficar diante do computador, encontrando amigos sem se mostrar pessoalmente.

Já as mocinhas falam muito mais entre si, e se cotizam nas dificuldades, formando estratégias grupais de ação para "caçar" um mocinho. Elas escolhem quem vai escolhê-las.

Cabe aos pais não forçarem os filhos tímidos a se exporem publicamente, mas devem exigir o cumprimento de seus deveres, sejam quais forem as etapas.

7. MENARCA DA MOCINHA / MUTAÇÃO DA VOZ DO MOCINHO

Teoricamente é mais uma passagem ritualística que etapa, pois é muito importante e dura pouco tempo, quando a mocinha vira moça, passando pela menarca, e o mocinho vira moço passando pela mudança de voz.

A **mutação de voz** marca o fim do estirão dos mocinhos, por volta dos 15 aos 17 anos. Mesmo que pare o crescimento ósseo, as cartilagens continuam crescendo, entre elas, o pomo de Adão (gogó). Esse gogó é a parte da laringe que vem para a frente.

É dentro da laringe que se encontram as cordas vocais, responsáveis pelo timbre da voz. Com o crescimento da laringe, as cordas vocais também crescem e tornam-se mais grossas. A passagem do ar por elas faz com que elas vibrem, criando sons que, modulados, se transformam em voz.

Com as alterações das cordas vocais, é preciso que também se regule a quantidade e a velocidade do ar a passar por elas. Todas essas mudanças terão que ser absorvidas para depois serem automatizadas.

Se as cordas vocais ficam se alterando, dificilmente se consegue adequar a passagem do ar por elas e é por isso que a voz se torna irregular e às vezes incontrolável. Assim a voz pode ficar esquisita, parecendo um coaxar acompanhado de falsetes e grunhidos, ora bem mais finos ora muito mais grossos. A laringe pára de crescer quando o gogó fica pontudo.

O rapaz fica com a pele cheia de espinhas, que formam verdadeiros vulcões e crateras. Sua fala, um coaxar, e seu nariz gigante fazem-no sentir-se um horror. Até a própria mãe pode achá-lo feio... É a idade do sapo.

Pode estar feio do jeito que for, mas o moço fica intimamente feliz porque junto com a orelha e o gogó, o pênis se desenvolve – justamente o que ele tanto queria. Achava que havia um defeito nessa parte. Afinal, vivia se comparando aos atletas sexuais dos filmes pornográficos.

Menarca é a primeira menstruação da mulher. Ela pode chegar entre 10 anos e meio e 13 anos, em média. Ela culmina o estirão da mocinha, quando praticamente a estatura e as características sexuais secundárias se estabilizam.

Nessa fase, o corpo da menina começa a ganhar contornos de mulher. Aumenta seu interesse por rapazes e ela é tomada por paixões eternas que duram semanas, dias ou horas, até se apaixonar platonicamente por outro príncipe encantado do Ensino Médio.

Com a mutação, o corpo do rapaz ganha contornos másculos, firmes, exuberantes, favorecendo comportar a onipotência juvenil que está para chegar com toda a sua força.

8. ONIPOTÊNCIA JUVENIL

É a mania de Deus dos moços.

Essa é uma das fases mais complicadas no relacionamento entre pais e filhos. Atinge as moças por volta dos 14-15 anos e os moços em torno dos 11-18 anos. A força biológica da reprodução está no auge, com uma inundação de hormônios na corrente sangüínea.

A ilusão onipotente de que jamais vão engravidar paira sobre eles... Num carro e eis os moços sentindo-se poderosos e protegidos contra acidentes... Mais que pelos motores e combustível, seus impulsos e vontades na busca de sensações adrenérgicas são alimentados pela invulnerabilidade produzida pela **onipotência testosterônica.**

Nesta fase, muitos querem ter autonomia para escolher seus programas, vida sexual, experimentar drogas, beber muito, correr com seus carros, abusar de esportes radicais, viajar sem destino na certeza absoluta de que nada de ruim irá acontecer justamente com eles, etc. Mas ainda dependem dos seus pais para financiarem seus programas.

CAPÍTULO 3

O cérebro do adolescente

Uma explosão emocional diante de uma pergunta inocente dos pais não é provocada apenas pelas alterações hormonais. As estruturas mentais que inibem respostas intempestivas ainda não se consolidaram. Estudos têm mostrado que o cérebro dos adolescentes é diferente do cérebro dos adultos e jogam por terra o velho consenso científico segundo o qual este órgão nobre completa seu crescimento na infância.

Durante a puberdade ocorre uma verdadeira reconstrução do cérebro. Metade das conexões eletroquímicas que ocorrem ali é desfeita para ser refeita de modo diferente. Os investigadores chegaram a essa conclusão depois de analisar ao microscópio eletrônico cérebros de adolescentes mortos em acidentes.

O critério usado para essa reenergização do cérebro está na movimentação das sinapses. As vitais para a vida adulta vão ser reforçadas e as inúteis ou prejudiciais ao comportamento maduro são simplesmente cortadas.

A vida do cérebro não é representada somente pelos neurônios, mas passa muito mais pelas suas sinapses. Os neurônios não se tocam. Eles soltam e recebem os impulsos-mensagens através dos neurotransmissores.

Os neurônios se comunicam, portanto, através dos seus neurotransmissores, que são mensageiros bioquímicos que carregam as mensagens do neurônio transmissor para entregar ao neurônio receptor. Os neurotransmissores funcionam somente nas sinapses. A inteligência depende muito mais do número de sinapses do que do número de neurônios.

1. APRENDENDO UMA SEGUNDA LÍNGUA

Da puberdade até por volta dos 15 anos, desenvolvem-se sobretudo as regiões cerebrais ligadas à linguagem. É quando podem ser notados grandes progressos no uso da escrita. É ainda uma boa etapa para se aprender novas línguas. Mas o melhor seria se pudesse ser incluída a segunda língua já no início da alfabetização.

Quando uma pessoa já domina uma língua, a primeira tendência ao aprender outra língua é traduzi-la mentalmente para a língua mãe, às vezes, "ao pé da letra". Como pode não fazer sentido, o aprendiz tende a usar mais a língua mãe.

As criancinhas, que nem bem falam a língua mãe, têm mais facilidade para aprender uma segunda língua, pois elas aprendem sem fazer muita diferença entre uma e outra. Simplesmente ouvem com atenção e tentam repetir o que ouvem, associando com o que estejam fazendo ou brincando.

Elas armazenam um conjunto de novidades, inclusive a linguagem. Na ação, vem automaticamente a palavra. Na música, a sonoridade da palavra é incluída, seja em que língua for. Ao visual da cor, inclui-se a palavra; ao ver a cor, vem à memória o nome da cor, como se fosse num pacote de memória.

Com o tempo, as criancinhas aprendem a administrar a memória, organizando-a como se a salvassem, num cartão de memória. Para falar a língua mãe, usa um cartão. Para outra língua, um outro cartão. Quando a criancinha fala em inglês com alguém que lhe responde em português, ela troca o cartão e fala em português.

Se uma pessoa aprende uma segunda língua antes da puberdade, ela conseguirá pronunciá-la sem sotaque. Entretanto, se aprende depois da puberdade, não deixará de carregar o sotaque da língua mãe.

Na puberdade, quando o número de sinapses neuronais está aumentando muito, é também oportuno começar a aprender uma segunda língua. Enquanto estimularmos o aprendizado, estaremos estimulando a formação de novas sinapses, um exercício "físico" de rejuvenescimento dos neurônios.

2. ONIPOTENTE, MAS IMATURO

A maior parte das alterações pelas quais passa o cérebro na adolescência ocorre no córtex pré-frontal, área responsável pelo planejamento de longo prazo, pelo controle das emoções e pelo senso de responsabilidade. Essa área se desenvolve até os 20-25 anos.

Portanto, antes disso, o adolescente nem sempre está apto para processar todas as informações que precisa considerar na hora de tomar uma decisão – esse achado revela que não se trata meramente de oposição aos pais, mas de uma limitação biológica. No lugar de avaliar os vários ângulos de uma questão, ele toma decisões por blocos. É como se fosse uma empresa com departamentos estanques, sem um presidente.

Os pais teriam mais condições de entender os filhos do que o caminho inverso, pois não se pode exigir daquele que não tem ou não amadureceu ainda. Faz parte daquele que é maduro ter um leque de opções para agir. Portanto, os pais que escutem os seus filhos adolescentes, mas aguardem um pouco mais antes de cobrar algo deles, como se lhes faltasse a responsabilidade.

3. O CÉREBRO FEMININO AMADURECE ANTES DO MASCULINO

Nas meninas, o cérebro amadurece cerca de dois anos mais cedo. O hormônio sexual feminino, o estrogênio, tem papel importante na remodelação desse órgão. Detalhe: tanto nas garotas como nos rapazes. Eles sintetizam o estrogênio a partir da testosterona. Sendo assim, os mesmos hormônios que provocam o terremoto corporal e a confusão mental, com o passar do tempo se incumbem de colocar ordem na casa.

Durante a maturação cerebral, a síntese de mielina, substância gordurosa e isolante que envolve os neurônios como o plástico de um fio elétrico, torna seu funcionamento mais eficiente. Mas enquanto as áreas cerebrais de processamento emocional não estiverem maduras, o adolescente tende a revelar um humor instável. Encarar situações novas ou pessoas com opiniões diferentes podem levá-lo ao típico curto-circuito emocional, inexplicável durante tantas décadas, que agora, finalmente, está sendo mais bem compreendido.

Os cérebros amadurecidos de pais deveriam tratar com especial carinho aqueles em amadurecimento, usando paciência para ouvi-los até o fim, procurando realmente entendê-los. No lugar de qualificá-los pejorativamente, e assim diminuir a auto-estima, melhor seria perguntar-lhes como irão resolver eventuais dificuldades, obstáculos e problemas que surgirem pela frente. Focalizando cada hipótese e raciocinando sobre ela é que o(a) adolescente vai exercitando a prudência, a previdência, alternativas resolutivas e responsabilidades. É uma maneira de exercitar o amadurecimento.

CAPÍTULO 4

O equilíbrio humano

Todo ser humano quer ser equilibrado e feliz.

Felicidade é um estado biopsicossocial bastante subjetivo. Isto significa que cada ser humano pode ter seu próprio critério de avaliação sobre o ser feliz.

Sendo psicoterapeuta há mais de 37 anos e tendo vivido (e sobrevivido) a mais de 74.000 atendimentos psicoterápicos, estou agora tentando e ousando organizar didaticamente as buscas do ser humano para ser equilibrado e feliz.

Para tanto, o ser humano precisa ter um bom conhecimento do seu próprio funcionamento.

Começo pelo entendimento de como o ser humano funciona, tendo como base a Teoria Psicodramática, criada por Jacob Levy Moreno, psiquiatra romeno que viveu nos Estados Unidos; a Teoria do Núcleo do Eu, criada pelo psicodramatista argentino Jayme Rojas-Bermúdez; e a Teoria do Desenvolvimento da Matriz de Identidade, criada pelo psiquiatra psicodramatista brasileiro José de Souza Fonseca Filho.

Depois de tanto tempo percorrendo as estradas da vida, sou um produto de várias influências externas mais as minhas próprias indagações, criações, práticas e vivências que, agora ouso dizer, se trata da minha linha de pensamento.

1. MUNDO INTERNO E MUNDO EXTERNO

O ser humano vive em dois mundos em constante interação: **mundo interno** e **mundo externo**.

O mundo interno é tudo o que está dentro dele e é constituído por um tripé formado pelo que ele pensa (área mente), sente (área corpo) e percebe do ambiente ao seu redor (área percepção do ambiente).

O mundo externo é tudo o que ele percebe e com que se relaciona, mas está fora dele, formado por outro tripé, que são os relacionamentos (familiares e sociais), atividades (escola e trabalho) e seu ecossistema (território e pertences).

"Penso, logo existo", do grande filósofo francês René Descartes, soa para mim como uma afirmação incompleta, pois posso sentir, pensar, fantasiar, sonhar acordado que sou um nadador, e não saber nadar. Para ser nadador, tenho que saber nadar. O que me qualifica como nadador é nadar.

Pensar precede o fazer, mas não adianta só pensar e não fazer. É a ação de nadar que me torna um nadador. Portanto, para eu existir, eu preciso agir. É no agir integrado com o pensar que o ser humano existe.

Pensar precede o fazer, mas não adianta só pensar e não fazer. É a ação de nadar que me faz um nadador. Conhecimento é informação em ação. Para existir preciso agir. "Penso, sinto e ajo, logo existo" é como eu existo.

Um pensamento pode criar uma ação, assim também uma ação pode gerar um pensamento. Toda ação busca o mundo externo. Portanto, pensamento e ação são uma interação dos mundos interno e externo.

Um pensamento, uma fantasia, um sonho, um devaneio podem gerar uma sensação física, um sentimento, uma emoção, e vice-versa. Portanto, existe também uma interação entre os mundos externo e interno.

Se um filho (mundo externo) agride (ação) a mãe, seria natural ela sentir-se mal (área corpo), mas tão logo pensasse nos motivos da agressão (área mente), reagiria (ação para fora) respondendo a ela.

Mas se a mãe nada manifesta (não reação), a força que seria gasta para a reação acaba sendo gasta para se calar (reação que se volta para dentro). A agressividade engolida pode ser transformada em depressão.

Fica bem claro que não é o ser agredida que deixa a mãe deprimida, mas a não reação dela à agressão recebida. Nem sempre uma reação à agressão precisa ser uma contra-agressão. A mãe pode encontrar outros caminhos para não mais "engolir sapos".

Todos os estímulos (ações) podem chegar tanto de fora para dentro como de dentro de si para si. Com uma reação, uma pessoa tem a possibilidade de mudar o mundo externo e interno. Essa capacidade de alterar o rumo dos acontecimentos para melhorar a vida é uma das principais capacidades do ser humano.

A capacidade da nossa mente é incomensurável, muito maior que a concretude percebida pelos nossos cinco órgãos dos sentidos.

Uma das imensas diferenças entre o ser humano e o resto dos animais está na área mente. Somos os únicos seres vivos capazes de ter valores superiores, de espiritualizar as nossas crenças, e possuímos essa incrível propriedade do pensamento abstrato. Este nos destaca dos outros seres vivos, mas podemos pagar um alto preço quando essa área mente não funciona bem.

A maioria dos nossos conflitos, traumas, problemas de relacionamentos interpessoais tem origem na área mente. Educação, aprendizado, espiritualização, comprometimento, disciplina, ética, gratidão e cidadania fazem parte também da nossa área mente.

2. EQUILÍBRIO NO MOVIMENTO DO CAMINHANTE

É como se cada um desses mundos (interno e externo) fosse uma perna: para caminhar pela vida em equilíbrio é preciso usar as duas. Cada perna deve estar apoiada em um tripé que integra três áreas (três dedos).

De pouco adianta caminhar, se não houver uma direção. O ser humano sempre busca atingir um objetivo, dividindo-o estrategicamente em metas.

Para o ser humano integral, o atingir os objetivos materiais pode trazer no final uma insatisfação, pois ele pode necessitar do significado não material de tudo o que foi feito. É o que busca a espiritualização ou os valores maiores que realizações materiais.

O sentido pode estar presente em tudo, desde os primeiros passos de uma longa corrida para se chegar ao pódio, o lugar mais próximo de Deus. O pódio nosso de cada dia pode estar na caminhada, não obrigatoriamente na vitória. Cada passo dado, cada gesto feito, cada pensamento elaborado devem trazer em si uma realização ética, uma proximidade com Deus.

A área mente pode nos elevar a Deus, mas não sairemos do lugar, se não pusermos em ação a área corpo. A ação corporal sozinha pode ser vazia, caso não esteja integrada à busca do pódio, espiritualizada pela **ética**.

Uma pessoa pode julgar-se muito ética no seu pensamento, mas é na ação que a ética se revela. A ética deveria ser como o oxigênio do nosso comportamento, para a saúde integral da nossa vida: essencial, porém quase invisível. A ética é discreta por princípio.

3. CAMINHANDO COM UMA PERNA SÓ

Se uma pessoa se baseia apenas no mundo interno para agir, considera só os próprios interesses e referenciais, é egocentrada. Vou chamá-la de *euísta*.

Na hipótese contrária, se ela leva em conta apenas o mundo externo, faz tudo em benefício do outro sem se preservar, é altruísta. Vou usar o termo *outroísta*. Não uso o termo egoísta pela sua conotação pejorativa; tampouco uso altruísta pela conotação benevolente dada pela sociedade. Nem melhor, nem pior, *euísta* e *outroísta* são características inadequadas de personalidade.

O *euísta* não se acanha de usar seja qual método for para atingir seus objetivos usando o outro. O *outroísta* não se leva em consideração e sacrifica-se em benefício dos outros sem focar seus próprios objetivos. Ambos não são éticos, o primeiro por usar os outros e o segundo, por deixar-se usar pelos outros.

Não está integrada uma pessoa que usa ou um ou outro mundo para a sua ação. É como se andasse com uma das pernas e não com as duas.

Uma pessoa saudável tem o interativo equilíbrio entre os mundos interno e relacional. E essas duas "pernas" não estão soltas no tempo e no espaço, e sim apoiadas no *aqui e agora*.

4. AQUI E AGORA EXPANDIDOS

Um ser humano não está isolado do resto do mundo, da geografia, nem excluído do seu tempo, da história. Ele traz dentro de si toda a história da humanidade, incluindo raça (herança biológica) e etnia (herança comportamental).

Graças à inteligência e à criatividade, resultados do nosso pensamento abstrato, o ser humano consegue trazer o mundo geográfico para o *aqui* e todo o tempo do universo para o *agora*.

Portanto, para os humanos, expandem-se o aqui e agora para o **aqui e agora expandidos**.

O *aqui* humano ficou tão expandido que hoje o ser humano pode reunir todo o planeta ao seu redor. O mundo ficou pequeno. Os rigorosos invernos e os abrasadores verões já não o atingem mais, porque ele se esquenta no frio e se esfria no calor.

Mudou também a concepção de distância, a qual não se mede mais só por quilômetros, mas também por horas de viagem. O ser humano pode até saborear uma iguaria que não pertence naturalmente ao seu ecossistema.

O agora humano não se limita ao momento presente. Ele agrega as lembranças do passado e as previsões para o futuro. Assim, o ser humano tem a capacidade de ser um viajante do tempo.

Pessoas traumatizadas levam o *agora* para o *agora expandido* ao trazer para o presente uma experiência difícil do passado. Quem tem medo de cachorro, por exemplo, não vê o animal do *agora*. Seu olhar é condicionado a encontrar sempre o cachorro traumatizante do passado e nem notar as características do cachorro atual à sua frente. Este serve somente de túnel para o passado traumatizante.

Mas ainda falta uma peça na organização do ser humano para ter *o aqui e agora expandidos* integrados ao seu comportamento. É o seu incrível poder de abstração, que o leva para outras dimensões que os animais são incapazes de atingir. Refiro-me à **espiritualização**. O ser humano se eleva, busca o alto, o acima dele, o "superior".

5. VALORES SUPERIORES

Há momentos em que as pernas dobram, isto é, falham os mundos interno e relacional, o chão falta, a noção do tempo se esvai, mas a pessoa não tomba e sobrevive porque seu equilíbrio é mantido como se estivesse pendurado por um fio invisível no seu mundo acima, nos seus **valores superiores**.

Esses valores superiores fazem parte atualmente da grande evolução da Psicologia, historicamente pouco dedicada aos valores espirituais.

Os valores superiores transcendem os instintos animais, a matéria, o aqui e agora. Ali estão os grandes valores da humanidade: amor (afetivo e afetivo-sexual), gratidão, cidadania, religiosidade, religião, disciplina, solidariedade, ética.

Para as religiões de um modo geral, o valor superior acima de todos é Deus. Para os ateus, o valor superior máximo é o amor, uma forma de religiosidade.

Não há povo, primitivo ou não, que não tenha suas crenças divinas. A religião foi construída pelos homens, então é o homem que fez Deus à sua imagem e semelhança – não o inverso. Ela supre a necessidade de ter algo acima de nós que nos equilibra nos momentos em que tudo parece perdido.

Vou apresentar, sem grandes pretensões filosóficas, mas focalizado na vida prática diária, os meus pensamentos sumários acerca dos mais importantes valores superiores necessários à humanidade:

Amor: O amor é um terceiro elemento que se forma a partir do encontro de duas pessoas. Ele não está pronto antes do contato das pessoas. É por isso que cada amor tem sua história própria, tem sua identidade, que traz dentro de si os DNAs de cada um. No verdadeiro amor, o vínculo desenvolvido entre as pessoas é maior que as próprias pessoas. Em nome do amor, um não trai o outro, mesmo na sua ausência. O amor também explica por que um homem, há dois milênios, aceitou e suportou ser crucificado para salvar a humanidade. Seu corpo faleceu, mas sua presença continua viva até hoje no meio dos cristãos. O amor de mãe para com seus filhos demonstra o quanto para a mãe o filho é importante, até mais importante que sua própria existência. O amor existe em todas as formas de relacionamentos humanos progressivos.

Gratidão: Sensação de bem-estar por reconhecer um benefício recebido. É uma sensação prazerosa que pode ser transformada em sentimento que dificilmente se esquece. Para reconhecer, é preciso primeiro identificar. Muitas crianças não são gratas aos seus pais, pois nem identificam o benefício recebido. Para que elas sejam gratas, é importante que os pais ensinem as crianças a identificar o que outras pessoas fazem por e para elas, e como foi gostoso receber. É de boa educação que se agradeça o que se recebe. Agradeça em voz alta, clara e para fora, olhando nos fundos dos olhos da outra pessoa. Assim a gratidão passa a ter um significado de retribuição do bom sentimento que a pessoa teve quando fez ou trouxe o benefício para ela. O princípio fundamental é que não se maltrata a quem sentimos gratidão. Portanto, a gratidão gera bons sentimentos. Temos que ensinar as crianças a serem gratas e a manifestarem a sua gratidão.

Cidadania: Pode-se aprender em casa desde pequeno, cuidando do brinquedo e guardando-o de volta depois que acabar de brincar. É a **cidadania familiar**. Quem não cuida do que tem pode perdê-lo. Quem cuida, aprende o sentido de propriedade, de respeito a ela, de preservar e melhorar o ambiente ocupado, de cuidar da casa, da escola, da sociedade, para sair do local e pessoas (mundo) deixando-os melhores do que quando chegou.

Entrou, acendeu a luz, usou o banheiro? Aperte a descarga, lave as mãos, limpe a pia e apague a luz antes de sair. É o mínimo que se espera que um cidadão faça. Não é preciso que haja alguém olhando. Faça assim por ser esse um valor internalizado seu, de cuidar da sua sociedade e de gratidão ao próximo.

Religiosidade: Gente gosta de gente. É a força gregária que nos faz procurar uns aos outros. É o amor horizontal, num mesmo nível. Um recém-nascido já nasce identificando rostos humanos como se fosse algo atávico, quase genético. A religiosidade é a força de união entre as pessoas, uma sensação que precede o conhecimento da pessoa. Só de ver uma pessoa, antes mesmo de conhecê-la, já estabelecemos com ela um contato diferente do que estabelecemos com o resto dos seres vivos neste mundo. Aos 3 meses de idade, o bebê identifica qualquer ser humano e sorri para ele, não importa se parente, amigo ou inimigo.

Se essa religiosidade estivesse acima das pessoas, provavelmente o mundo teria menos preconceitos, exclusões, predisposições negativas a contatos com estranhos, e assim todos teríamos uma qualidade relacional de vida muito melhor.

A religião é uma criação humana. Pessoas ligadas entre si, com crenças em comum, estabeleceram e organizaram códigos de ética e valores, hierarquias, rituais e locais cerimoniais com padrões morais próprios e fundaram uma religião, espiritualizando a religiosidade. É uma relação vertical entre a divindade e o ser humano.

Assim, a religiosidade precede a religião. É interessante observarmos que pessoas de diferentes religiões podem se ligar pela religiosidade, justificando casamentos e uniões entre pessoas cujas respectivas religiões são até antagônicas.

Disciplina: Entendida não como ranço do autoritarismo, mas como qualidade de vida, a disciplina é um valor que tem que ser aprendido, desenvolvido e praticado para uma boa convivência social. Faz parte dela o princípio de que tudo tem um começo, um meio e um fim. Assim, deve-se terminar o que se começa. Não se deve tomar nada de ninguém, porque cada um deve preparar o que quer e não se apossar do que o outro preparou. Bancar o espertinho e furar filas, atrapalhando a vida de quem quer que seja, não é ato cidadão. Portanto, disciplina faz parte da cidadania.

Tudo tem o tempo certo para ser feito. Não se fazem grandes plantações nem se planta uma flor em tempo não adequado, como também não se colhem os frutos nem a flor quando se deseja, mas quando eles estão prontos. Para chegar à colheita, houve o seu tempo necessário. Assim também deveríamos respeitar e cumprir o tempo necessário até nos pequenos atos de cada dia. Não se toma uma condução na hora que simplesmente deu vontade, mas sim quando há veículos (avião, ônibus, carros, navios, etc.). Não se corre atrás da saúde somente quando mais se precisa dela, isto é, quando se está doente.

Não se ganham competições sem preparo, tampouco se fazem campeões sem competência. A maior liberdade do ser humano é a liberdade de escolha, mas sua maior qualidade é a disciplina para realizar as escolhas.

Solidariedade: É a capacidade que os seres humanos têm para compartilhar entre si alegrias e tristezas, vitórias e derrotas, responsabilidades, necessidades, etc. Quando bandos de gnus africanos migram em busca de água e pastagens, eles estão cumprindo um comportamento predeterminado pela genética. A força da migração é muito maior que a da solidariedade, pois enquanto uns morrem, outros vão seguindo seu destino imutável. Quando um ser humano morre, o luto é um rito de solidariedade voluntária, quando todos dividem o sentimento de perda de uma pessoa querida. Os sentimentos de querer ajudar outra pessoa em dificuldade, de querer dividir as glórias conquistadas, são bases voluntárias da solidariedade, que fortalecem a cidadania.

Compartilhamos as dores, fortalecemos os vínculos. Solidariedade e amor são entidades que quanto mais são divididas, mais elas aumentam, num milagre matemático da vida.

Ética: Se desde criança os pais ensinam ativamente a prática da ética, esta passa a fazer parte do quadro de valores dela. O que for bom para uma pessoa tem que ser bom para todas as pessoas. Se uma criança fizer algo que constranja os pais, por mais inocente que seja, ela não está sendo ética. Os pais não deveriam "engolir sapos", mas educá-la, dizendo que "não se faz o que não é ético", explicando que ninguém deve sofrer pelo que ela faz. Já disse anteriormente, mas vale a pena repetir pela importância que ela tem para todo ser humano, a ética deveria ser como o oxigênio do nosso comportamento, para a saúde integral da nossa vida: essencial, porém quase invisível. A ética é discreta por princípio. Hitler era inteligente, competente, empreendedor, líder público, mas não tinha ética.

6. O TETO QUE NOS PROTEGE

Uma criança entende com o seu pensamento concreto a proteção que o teto nos oferece perante tudo o que possa cair sobre a nossa cabeça. Assim também os pais protegem-na, mesmo que ela às vezes nem perceba estar sendo protegida. Mais tarde ela poderá entender que a atmosfera protege a Terra. Assim também os valores superiores nos protegem contra o que nos aflige.

Os valores superiores não podem ser corrompidos por valores materiais, pois eles devem fazer parte da essência imaterial e abstrata do ser humano. A matéria tem seus valores até onde ela é necessária para a sobrevivência digna do ser humano. Se uma pessoa precisa de muito poder, dinheiro, fama, etc., é porque seus valores superiores podem estar ofuscados por outros brilhos materiais.

Poder, dinheiro e fama, quando são produtos de ações progressivas, são sempre bem-vindos. Eles podem representar o sucesso de objetivos pessoais percorrendo-se um caminho ético.

Tudo fica mais complicado se o apego estiver nos valores materiais. Convém sempre lembrar que o poder é consumido pela aposentadoria, o dinheiro muda de mãos, e a fama é efêmera. Logo tudo passa pelas mãos, vaza por entre os dedos, e perde-se o sentido da vida.

O equilíbrio de uma pessoa se apóia nas suas duas pernas (mundo interno e relacional). Quando uma falha, a outra garante o apoio. Ambas se apóiam no aqui e agora expandidos. Quando tudo falha, ela se sustenta pendurada nos valores superiores.

Um estrangeiro foi achado enforcado e suspeita-se que ele praticou esse ato porque não agüentou a vergonha de ter feito o que fez. Corrompeu-se por 900 mil reais. Desligou-se momentaneamente dos valores superiores e cometeu a infração. Quando conectou-se novamente, e recuperou a ética, não suportou o que havia feito. Desligou-se outra vez quando se suicidou, pois não existe nada mais antiético que tirar a vida, mesmo que seja a própria. Teria sido mais ético reconhecer o erro e lutar vivo para ressarcir os danos provocados.

Também é fundamental desenvolver esse fio nos filhos. Transmitir a eles esses grandes valores. Mostrar que sozinhos eles não são tudo na vida. Por isso, a educação tem que ser um projeto muito mais amplo do que simplesmente saciar o desejo dos filhos.

Na adolescência, a carência de um projeto educativo se revela quando a realidade dos filhos começa a ficar muito distante do sonho dos pais. Ou, pior, esses sonhos são interrompidos por pesadelos, que é quando descobrem que a filha está grávida, os filhos usam drogas ou tentam o suicídio. São sinais de que os jovens estão despreparados para equilibrar o mundo interno e o mundo externo, sem a visão do *aqui e agora expandidos* e, sobretudo, sem estabelecer o vínculo com os valores superiores.

CAPÍTULO 5

Atropelando a idade biológica

Uma das características dos dias de hoje é a grande velocidade com que tudo passa. Bandas musicais, celebridades, notícias, marcas e modelos são rapidamente substituídos por outras... Hoje, uma garota de 10 anos pergunta para outra de 15 anos se "no seu tempo havia tal e tal..."

É também sinal dos tempos que cada vez mais precocemente os irmãos menores queiram fazer o que os maiores fizeram.

Quem não conhece, não teme. Por isso, é bastante fácil para os menores se arriscarem em atividades que fariam qualquer adolescente titubear um pouco. Bem diferente da geração passada, que temia o que desconhecia.

Uma das maneiras de ajudá-los a crescer é estimular-lhes a ampliação do campo da visão, para que vejam mais que o alvo.

Elas mal completaram 9 anos de idade e já querem ir sozinhas com as amigas ao shopping, usando batom nos lábios e celular na bolsa.

Do ponto de vista biológico, a adolescência está começando cada vez mais cedo. Talvez um a dois anos antes do que na geração dos pais. Do ponto de vista psicológico, no entanto, tudo está mais complicado.

Hoje, crianças fazem reivindicação de adolescentes e são atendidas pelos pais. É o equivalente a dar um carro nas mãos de uma pessoa que ainda não tem condições nem habilitação para dirigir.

Uma pesquisa do Cebrid/Unifesp de 2003 revelou um dado preocupante: as crianças estão entrando no mundo das drogas aos 10 anos. Vão à casa dos amigos, brincam, jogam no computador, fazem e experimentam o que têm vontade, inclusive drogas.

Crianças precisam de supervisão constante. As preocupações podem diminuir se diversões não atrapalham outras atividades como acordar para ir à escola, interromper a Internet para comer junto com os pais, manter o rendimento escolar.

1. IMITANDO OS MAIORES

A adolescência precoce se manifesta quando os hormônios sexuais ainda não estão sendo produzidos, mas a criança imita os comportamentos típicos da adolescência. O corpo ainda é infantil, portanto, biologicamente não é adolescente ainda. A precocidade é comportamental, portanto, social e psicológica. Em outros capítulos falo dessa geração tween.

As crianças sentem-se no direito de fazer o que os mais velhos fazem. Mas como se trata de pura imitação, não têm condições de avaliar e muito menos de assumir a responsabilidade sobre o seu comportamento.

Exigem telefone celular sem nenhuma finalidade, querem participar de festinhas nas quais a entrada de adultos é proibida. Às vezes, reivindicam tamanho poder a ponto de querer definir, inclusive, a escola onde vão estudar. E o que é mais grave: os pais atendem. Determinam: se não tiver batata frita, não vou comer nada. Os pais acabam sendo marionetes em suas mãos.

Essas decisões não deveriam ser tomadas por eles. Nessa hora, é fundamental que as famílias tenham princípios educativos básicos: coerência, constância, conseqüência. Como um garotinho de 11 anos vai conseguir arcar com as conseqüências totais dos seus atos se é apenas uma criança? É nesta idade que ocorre a síndrome da quinta série.

2. PODER SEM COMPETÊNCIA

Dê poder administrativo a uma criança ingênua e ela mostrará a incompetência no poder. Utilizo a palavra ingênua não com uma conotação negativa, mas como sinônimo de falta de conhecimento.

Quem não tem conhecimentos pode não ter **competência** necessária para resolver um conflito e acaba usando inadequações como chantagens, birras, gritos, ofensas, agressões, etc. Assim se constroem os tiranos.

Pais que são firmes, em vez de rígidos, conseguem melhores resultados com os filhos. A rigidez se quebra com os movimentos, e a firmeza se beneficia. O fanatismo é rígido, a crença é firme. Um corpo rígido não abraça, e nada mais caloroso e afetivo do que um firme abraço.

3. FILHOS REALIZANDO OS SONHOS DOS PAIS

Os pais podem estar incentivando essa precocidade quando acham que a coleguinha do filho é a sua namoradinha e o incentivam a dar-lhe um presente no Dia dos Namorados. Isto piora quando os pais mesmos compram o presente para o filho, que tem 3 anos e meio de idade.

É bem possível que o desejo dos pais fosse maior que o do próprio filho, daí o incentivo inadequado. É de se perguntar o porquê de os pais incentivarem tamanha precocidade.

Atendi um casal com um filho de 13 anos que não queria estudar. A mãe achava que o estudo era importante, mas o pai achava que não. Era freqüente o filho resolver entre seguir as falas do pai ou da mãe.

Deixar para o filho resolver, quando ainda nem tem competência para isso, é um dos meios que os pais propiciam para o filho empurrar a sua formação e responsabilidades para o futuro.

Ambos, pai e mãe, queriam que o filho realizasse os seus sonhos, indo e não indo para a escola. É claro que ele usava os sonhos dos pais para tirar vantagens imediatas.

4. PAIS NIVELANDO AS IDADES DOS FILHOS

Essa precocidade pode acontecer sobretudo quando existe uma pequena diferença de idade entre irmãos, mormente se forem do mesmo sexo. Por exemplo: os pais estabelecem que o filho mais velho, 13 anos, só pode sair de casa se levar o mais novo, 11 anos, junto.

O de 13 anos não tolera pessoas de 12 anos; de 11, então, menos ainda. Inundado de hormônios, quer sair sozinho de casa para se encontrar com um ou outro amigo. Se tiver que levar o menor, o garoto onipotente pubertário vai ficar muito sem graça de ser irmão de um pirralho que, além de não entender as piadinhas maliciosas, é um frangote e vive grudado nele.

De fato, o mais jovem ainda não tem como acompanhar o pensamento dos maiores. Não é possível exigir dele o que ele ainda não desenvolveu.

O garoto de 13 está também na idade da curiosidade sexual; o garotinho de 11 está na Confusão Pubertária. Uma piadinha muito interessante ao "macaquinho" pode nada despertar no "confusinho". Se os maiores lhe perguntarem "você entendeu?", o menor pode responder, "não entendi", o que será motivo para levar uma barulhenta gozação, acompanhada ou não de um safanão.

Com essa imposição "só vai se levar o seu irmão" talvez os pais pensem que estão estimulando um forte relacionamento entre os filhos. Na verdade, porém, criam mais indisposição entre eles e favorecem a adolescência precoce no mais novo.

Assim, em vez de promoverem o grande sonho de verem os filhos unidos como "unha e carne", os pais acabam promovendo intermináveis brigas, gerando "unha de um na carne do outro".

CAPÍTULO 6

De garotinha a mãe num só pulo

Na era do "ficar", o ritual do cortejo tem sido abreviado ao máximo e os adolescentes muitas vezes embarcam em atividades eróticas com desembaraço. A falta de maturidade os leva a se exporem a situações arriscadas, que podem trazer conseqüências sérias para eles próprios e suas famílias. Mas quem carrega a gravidez dentro de si é a garota.

A menina vira mulher, isto é, adquire a capacidade de engravidar em dois a quatro anos, e o menino com 13 anos já pode ser fértil antes mesmo do estirão.

O carinho, que antes tinha um significado afetivo, agora ganha o conteúdo sexual, regido pelos hormônios sexuais.

Assim, o "ficar" é uma manifestação mais sexual que afetiva. Se os "ficantes" se permitirem seguir somente o curso biológico das manifestações de carinho, chegarão à relação sexual e conseqüente possibilidade de gravidez, já que são férteis.

Conclusão: até para "ficar" é preciso ter preparo e cuidado para não engravidar. A gravidez precoce é um sucesso biológico e um fracasso psicológico e social.

1. DA "FICADA" PARA A GRAVIDEZ PRECOCE

Os amadurecimentos psicológico e social levam muito mais tempo que o biológico. Assim, os "ficantes" podem ser atropelados pelo biológico.

Na evolução para a relação sexual, o carinho passa do sensual e erótico para o sexual. O corpo pede que se cumpra o biológico, isto é, buscar a saciedade sexual, que é o orgasmo.

Para o "ficante" que já teve relações sexuais, os carinhos caminham rapidamente pelos trilhos que o corpo já conhece, que levam o macho a querer penetrar e a fêmea a querer ser penetrada.

Para o "ficante" que nunca teve relações sexuais, o controle dos carinhos no sensual, ou até mesmo no erótico, é mais fácil porque o corpo ainda não abriu o caminho até a relação sexual.

Para o casal "ficante", quem já teve relações sexuais quer chegar até lá, mas quem nunca teve, tem o controle suficiente para parar antes de chegar lá. Assim, o relacionamento fica desigual, pois enquanto para um já chega, para o outro é insuficiente e ele sempre quer mais.

É nessa diferença que se esconde o perigo. Geralmente o garotão, por ser mais ousado, vivido, apressado e até mais velho, quer sempre levar a garota por caminhos que ela ainda desconhece.

A garota geralmente acredita que tamanho empenho dele na "ficada" pode ser amor, quando verdadeiramente ele está é sexualmente excitado. Ela se entrega apaixonadamente a quem simplesmente a deseja sexualmente. Se por acaso ela chegar a ter relações sexuais com ele, ela perceberá que o interesse dele começa a cair na medida em que se satisfaz sexualmente.

2. GRAVIDEZ NA ADOLESCÊNCIA

Um dos maiores problemas da adolescência é a gravidez. Mas ela pode ser evitada. Meu empenho neste capítulo é para que a gravidez seja um tema aberto às conversas em casa, entre pais e filhos, entre irmãos, para que todos tenham intimidade suficiente para poder preveni-la. Dificilmente um jovem consegue prevenir algo que não conhece.

A seguir, apresento em flashes o panorama de um grave problema social: a gravidez na adolescência. Os dados foram coletados de pesquisas recentes feitas por instituições sérias e publicados em revistas semanais de informação.

- Segundo o IBGE, a adolescente brasileira tem mais probabilidade de engravidar (14%) do que de terminar a faculdade (7%).
- Uma em cada dez estudantes brasileiras engravida antes dos 15 anos. No país, a taxa de fertilidade só cresce nessa faixa etária.
- De 1970 a 1991, os índices de gravidez entre 15 e 19 anos cresceram 26%.
- As jovens que engravidam deixam os sonhos de lado para assumir uma responsabilidade muito grande para a sua idade.
- Cerca de 72% das gestantes adolescentes voltam a morar com os pais; 65% pertencem a famílias que ganham até um salário mínimo *per capita* e 70% ficam desempregadas. Em outras palavras, na classe desfavorecida, a mãe adolescente perpetua a pobreza.
- Se a jovem pertence à classe média, a gravidez precoce atrapalha os estudos, e, portanto, as perspectivas de carreira e de relacionamentos. E a gravidez pesa nos ombros dos avós.
- Apesar de terem muita informação, ainda acreditam em mitos como: "Não há perigo de engravidar na primeira transa".
- Os rapazes se recusam a usar a camisinha. Temem que esta reduza o prazer ou atrapalhe a ereção.

- As garotas têm medo de insistir para que o parceiro use a camisinha. Na pesquisa do Instituto Cidadania feita com 3.500 jovens, 54% das meninas declararam não terem usado a camisinha na última relação sexual.
- Elas também rejeitam a pílula por "medo de engordar". Conhecem os contraceptivos, mas os utilizam de maneira precária.
- Recorrem à pílula do dia seguinte, que tem um alto índice de falha, mais de 20%, contra menos de 1% da pílula anticoncepcional.
- 40% dessas mães adolescentes têm outro filho em menos de três anos.

Para jovens atentos e responsáveis, essas informações seriam rapidamente transformadas em conhecimentos e postos em prática para a prevenção à gravidez.

3. GAROTA SE TRANSFORMANDO EM MÃE

Uma adolescente pode até sonhar em um dia, no futuro, ficar grávida, ter bebê. Um dia significa quando ela estiver em condições físicas, psicológicas, sociais e financeiras.

Para se engravidar hoje é necessário que uma mulher esteja biologicamente amadurecida e preparada psicologicamente, com um companheiro para formar uma família, e que tenha dinheiro suficiente para prover e educar o filho.

Um companheiro significa um homem também amadurecido, psicologicamente preparado para formar uma família, e que tenha uma fonte de dinheiro estável (emprego, ofício, herança) que garanta as despesas de uma casa com criança.

Mesmo que conscientemente não queira filho, se uma mulher, não importa a idade, engravida, ela muda de idéia, pois o instinto de maternidade entra em ação.

Uma vez grávida, pouco importa se a gravidez foi planejada, ou se é um descuido da prevenção ou até mesmo resultado de um estupro, nada a impedirá de prosseguir com essa gravidez. É a lei biológica da gravidez.

4. GAROTO VIRANDO PAI

Enquanto tudo isso acontece na psique e no corpo da mulher, o que acontece com o homem?

O homem das cavernas nem sabia que ele era o responsável pela gravidez. Nem ele nem a mulher conheciam qual era a origem da gravidez. Somente quando o homem deixou de ser nômade e começou a se fixar à terra, porque descobriu a agricultura, é que começaram os núcleos a funcionar como famílias. Descobriu-se nessa época a paternidade. Isso foi há 12 mil anos.

Portanto, o homem não tem como saber se é pai ou não, pois ele não apresenta nenhum preparo hormonal nem mudanças corporais para ser pai. O homem continua biologicamente como reprodutor e disseminador do seu sêmen.

O homem espalha seus genes pelo universo, mas quem garante a sua perpetuação é a mulher.

Hoje, o reconhecimento da paternidade faz parte da evolução da humanidade.

CAPÍTULO 7

O quarto do adolescente

O adolescente precisa de um espaço próprio. O quarto geralmente é seu canto. Reflete seu estado de espírito, as crises pelas quais está passando, ou até mesmo um estilo que resolve adotar; portanto, é até esperado que seja um tanto desordenado e/ou bagunçado e diferente do resto da casa. Mostra um pouco da sua autonomia comportamental.

Desordem é quando o quarto está mal-ordenado, cama por fazer, mas limpo. Bagunça é quando, além de o quarto ser deixado em desordem, há roupas reviradas e/ou sujas, lixos, restos de *fast foods*, "teias de aranha", etc.

A interferência é necessária nos quartos bagunçados. Limpar o quarto pode ser até função de empregadas ou de arrumadeiras, mas se o território é do adolescente, é ele quem tem que cuidar do que lhe pertence.

A relação que o jovem estabelece com a empregada é um exercício no qual ele tem que aprender a lidar educadamente com as pessoas que lhe prestam serviços. São pagos, mas não são escravos. Ele tem que reconhecer e agradecer à empregada que o ajudou.

O mau costume é sair deixando sempre o quarto bagunçado e trancado. O jovem acostuma-se com a sujeira e pode chegar até a achar natural viver num "lixão".

Quem usa mal o seu território não está pronto para tê-lo, portanto, tem que devolvê-lo aos pais, isto é, passa a ser novamente cuidado pelos pais. Estes poderiam ir lhe devolvendo esse território aos poucos, conforme os aprendizados e as conquistas do jovem.

É bastante semelhante ao poder sair sozinho de carro. Se o jovem bate o carro com freqüência e/ou envolve-se em acidentes é porque ele ainda não está pronto para sair sozinho. É preciso recomeçar do zero. Pouco adianta tomar-lhe o carro, pois em vez de aprender a dirigir, interrompe-se a sua "carreira" tão necessária de motorista.

1. "FOLGADOS" VIVENDO NA BAGUNÇA

Os jovens que tenho atendido, que trazem seu quarto na bagunça, em geral são "folgados". Todo "folgado" se mantém graças a um "sufocado" que o sustenta. Raramente o "folgado" promove modificações. Estas têm que partir dos "sufocados".

Até que a sorte de ele se apaixonar por uma garota que detesta bagunça aconteça, é preciso que os "sufocados" se rebelem contra essa tirania, mesmo que os "folgados" sejam simpáticos e agradáveis.

Existem "folgados" muito espaçosos e invasivos, que acabam atacando armários dos outros porque não encontram as próprias roupas, toalhas, etc. Minha sugestão é que ninguém cuide nem ligue para as roupas deles, mas proteja as próprias.

Os "folgados" estão acostumados a jogar no chão os seus pertences sujos e usados porque estes magicamente ressurgem limpos e passadinhos nos seus armários dias depois.

Duas medidas, um tanto trabalhosas, porém muito eficientes, que a família "sufocada" pode adotar:

● Resista ao máximo emprestar para o "folgado" as suas roupas que com tanto cuidado foram cuidadas e conservadas limpas. Não é ético que o "folgado" use de qualquer jeito roupas alheias guardadas com tanto carinho. Mesmo que para isso seja necessário usar trancas e chaves nos armários e roupeiros. Também serve para toalhas limpas.

● Ajude a arrumar o quarto bagunçado, colocando um grande saco plástico onde o "folgado" possa colocar suas roupas usadas e toalhas molhadas. Caso ele não o faça, vale a pena começar a "ajudá-lo". Quem passar pelo quarto dele que pegue o que tiver no chão ou em lugar inadequado e o coloque dentro do saco *trash*. Nesse saco, estarão todas as roupas e toalhas molhadas juntas se acumulando. Não reponha toalhas nem roupas novas.

O "folgado" se recusará a usar "toalha mofada e úmida" após "aquele banho maravilhoso". É claro que irá pegar a primeira toalha limpa e seca que encontrar seja em qual quarto for. Mas se as toalhas estiverem "trancadas", ele não terá acesso a elas. Provavelmente irá ficar uma fera, mas aprenderá a cuidar para ter sempre aquela sua toalha limpinha, sequinha, cheirosinha a lhe abraçar o corpo molhado.

2. ISOLADO NO QUARTO E CONECTADO AO MUNDO

Na geração passada, fechar-se no quarto era um castigo dos mais comuns que os pais aplicavam quando seus filhos faziam o que não deviam ou deixavam de fazer o que deviam. Lá, eles estariam isolados do convívio familiar e dos amigos, sozinhos para refletirem sobre suas atitudes.

Fechar-se no quarto hoje é estar longe da família, mas conectado ao mundo via Internet, telefone, televisão...

É bastante comum ouvir dos jovens o que uma paciente de 16 anos me disse:

"Meu quarto é meu mundo. Nem bem entro em casa, corro para o meu quarto. Conecto a Internet, entro no meu blog *e digito o que eu quero desde pensamentos, recados, fatos, fantasias, frases bonitas... É o meu diário, onde nem sempre falo a verdade. Às vezes, quero aparecer, outras, me esconder. Tem dias que escrevo que tenho amiga interessada num carinha. Essa amiga sou eu disfarçada para saber o que o carinha pensa, se eu tenho chance com ele, pois sei que ele entra no meu blog. O MSN (messenger) dá sinal que me chama, então entro nele, bato um papo. Já nem uso mais tanto o ICQ. Pelo celular mando, recebo e respondo torpedos. Tudo isso enquanto estudo um pouco sem esquecer de deixar a televisão ligada, mas sem som. Ufa! É um movimento danado!"*

Assim, há muitos jovens que não mais precisam sair de casa para ir para as esquinas e padarias, pois do quarto entram nas esquinas e padarias virtuais. Nestas, assim como nas presenciais, existem boas e más companhias e bons e maus artigos a serem comprados. Existe a segurança física de estar dentro do quarto em casa, mas a insegurança virtual ronda a sua vida.

Quando o filho não sai do quarto, se a mãe estiver disposta, ela poderia preparar o jantar em duas bandejas, para ele e para ela, e levá-las ao quarto e assim garantir um tempo de convivência enquanto comem. É obrigação da mãe verificar antes se isso é possível, para não correr o risco de estar sendo invasiva e inconveniente.

Refeição é uma das poucas oportunidades para a família se alimentar da convivência, e não do simples sentar para comer. O mais importante é o alimento afetivo que vem através dos papos descontraídos e alegres, atualizações do que cada familiar está fazendo, episódios pitorescos, etc., sem finalidades de pesados acertos de contas, cobranças dos não feitos, nem de reclamações.

3. FORMANDO UM CIDADÃO

Mas se um filho não cuida das suas próprias coisas nem do seu próprio quarto, ele não aprende a cuidar da própria casa. Então, como esperar que ele cuide da sociedade?

Para desenvolver a cidadania, ele tem que aprender que o que é bom e/ou cômodo para um não pode prejudicar os outros. O filho já tem que começar a praticar a cidadania familiar dentro da própria casa.

Um filho pode ter se acostumado a viver na bagunça, mas ele não pode impor essa bagunça a quem não é bagunceiro.

É a confusão que existe entre estar acostumado e estar bem. Não é porque ele se acostumou com a bagunça que esta seja boa. Se sua família se incomoda com a bagunça e esta não é boa nem para ele, é ele que tem que amadurecer e não a família regredir, aceitando esse comportamento retrógrado do filho.

Mil vezes, em vez de criticar, simplesmente exigir que arrume o quarto, combinando que prejuízos o filho vai ter cada vez que o quarto estiver na bagunça. É o princípio da coerência, constância e conseqüência sendo aplicado.

4. DICAS PARA A ORGANIZAÇÃO

Os filhos têm que aprender a se organizarem desde pequenos. Criancinhas de 2 anos de idade já sabem separar brinquedos por categorias. Por que adolescentes misturam tênis com CDs, camisetas, sanduíches e livros? Onde foi parar o senso de organização?

É preciso exercitá-los para recuperar esse senso. Aí o quarto volta a ser um templo. Cada coisa no seu lugar: camiseta no lugar de camiseta, livro no lugar de livro. E que haja uma caixa de bagunça do tamanho que caiba os objetos que causam bagunça. Cada coisa no seu lugar, lixo no lixo e bagunça dentro da caixa de bagunça.

É importante que desde cedo o filho comece a cuidar de alguns setores de sua vida, como roupas, banho e o próprio quarto.

Pouco progressiva é a mãe rabugenta, a que reclama, mas faz. Muito melhor seria se ela fosse risonha, mas nada fizesse, e pelo contrário, ainda cobrasse firmemente a ordem. Ser firme não é gritar, ficar nervosa, agredir. É não mudar de opinião, mesmo que os filhos fiquem se debatendo no chão revirando os olhinhos.

Os pais devem se lembrar a toda hora que sempre é tempo para aprender. Se o filho já aprendeu, é tempo de exigir que faça o que sabe. Somente a prática leva ao hábito.

CAPÍTULO 8

Adolescente, um deus com frágeis pés

Um casal, desesperado, me trouxe uma carta que estava em cima da mesa do café da manhã. Era do filho, uma carta de despedida, e havia sido endereçada a eles e aos amigos.

O rapaz dizia que iria se suicidar. Sua vida havia acabado na hora em que a garota que lhe interessava não quis nada com ele. "*Minha esperança morreu, assim como tudo para mim.*" Sentia-se um perdedor, sem emprego, sem diploma, mesmo sendo "*boa pessoa, tendo boa família e os melhores amigos do mundo*" e "*amando todos e continuarei amando muito a garota de onde estiver*", "*Toda vida é preciosa, engraçado, menos a minha...*". E terminava a carta com um pedido e despedindo-se de todos: "*Por favor, me enterrem ao lado da pessoa X, ou me cremem e joguem as cinzas no mar, onde tiver muitas baleias para eu poder viver a minha eternidade com elas. Adeus a todos. Lembrem-se, a estrela mais solitária no céu serei eu*".

Quando li essa carta, o filho já havia sido socorrido a tempo de evitar o pior.

Um outro rapaz não teve a mesma sorte. Um excelente filho, dedicado aos estudos, nunca bebeu na vida. Fez o vestibular e conseguiu ser aprovado. Quando soube o resultado, saiu para comemorar com os amigos. Bebeu além da conta e morreu ao espatifar seu carro numa das marginais, em São Paulo.

Há mais casos trágicos como o do casal de namorados que planejava viver um sonho de amor entre o príncipe e a princesa morando no "castelo" dos pais da princesa, que acabou em um infindável pesadelo. Esses pais foram vítimas de um crime bárbaro que abalou não só a cidade de São Paulo, mas o Brasil e o exterior. O casal de namorados mais o irmão do namorado mataram-nos a pauladas, enquanto dormiam à noite.

Embora com roteiros diferentes, as três histórias têm um denominador comum: a onipotência juvenil. Em todas elas, o poder é sobre a vida própria e as dos outros.

1. PERSONALIDADE COMO A PALMA DA MÃO

Podemos comparar a personalidade de uma pessoa com a palma da mão, e os dedos, com os seus diversos papéis e/ou funções.

Uma pessoa tem diversos papéis. Um adulto é motorista, marido, profissional, pai, filho, provedor, etc. Um adulto saudável não pensa em suicídio se houver uma frustração em um dos seus papéis.

Um adolescente, ou uma personalidade não amadurecida, ainda não distingue bem a diferença entre a palma da mão e os dedos. Muitas vezes ele acha que um dedo vale mais que a palma da mão. É quando um detalhe acaba com o todo.

A idéia de suicídio veio num momento de desespero afetivo, por ter sido rejeitado. Era para ele tão importante o ser aceito e amado por ela que o que tinha de bom como família, amigos e faculdade ficaram cobertos pelo manto da depressão.

É a lei do tudo ou nada, bastante comum na onipotência. No tudo, ele se sente o máximo da força de vida para em seguida, no nada, ele continuar se sentindo o máximo da morte, do nada. Ao tentar o suicídio, ele estava fazendo uso de um poder sobre a vida, só que do lado da morte.

O rapaz que tentou o suicídio foi tão onipotente a ponto de não reconhecer que outras pessoas poderiam ajudá-lo. Faltou-lhe a sábia humildade para confiar nos pais e nos amigos.

Para quem tem um poder real, seus pés não são tão frágeis a ponto de querer se matar. A onipotência é um exagero na sensação subjetiva de poder. Sentir-se poderoso faz parte do ser humano saudável, mas ter poder absoluto, isto é, ser onipotente, está fora da realidade. O real poder está na palma da mão, que comanda os dedos, e não o inverso.

2. VESTIBULAR AUMENTANDO A ONIPOTÊNCIA JUVENIL

O vestibular determina o futuro universitário do estudante. Ser aprovado no vestibular é uma grande alegria para o vestibulando, para a sua família, parentes próximos, amigos... Porque é um marco importante na vida de qualquer pessoa.

Entretanto, existem alguns aprovados que se sentem "superiores" aos outros vestibulandos reprovados.

Essa "superioridade" pode simplesmente ser um dado a mais para ser agregado à onipotência juvenil. É como se eles estivessem dizendo "se nem um vestibular me segurou, nada mais há no mundo que me segure".

Esses onipotentes costumam ficar arrogantes, antipáticos, horríveis na convivência. Nada mais fazem do que exagerar aquilo que havia antes de serem aprovados.

Muitos pais dão carro aos filhos que começam a faculdade. Afinal, é um outro nível de vida, um novo *status*. Agora, vir a ser um grande profissional é só uma questão de tempo.

Há pais até que passam a se submeter mais aos caprichos desses filhos, pois eles venceram o grande degrau existente entre o 2º e o 3º graus, principalmente os pais que não fizeram faculdade. Piora tudo quando os filhos destacam essa diferença para menosprezar os próprios pais.

Felizmente a maioria dos aprovados que tem pais nessas condições sente orgulho dos seus pais que, mesmo "sem estudo", conseguiram "dar estudo" aos seus filhos.

3. UM DEUS SOBRE QUATRO RODAS

Ninguém saudável pode se sentir deus só porque tem a ousadia de pisar fundo no acelerador do seu carro. Há pessoas que quando estão ao volante de um carro se transformam. Que mágica seria essa?

São pessoas que se confundem com a máquina e sentem-se tão poderosas quanto a potência do carro, tão invulneráveis quanto a proteção que a lataria lhes confere, tão reis que fazem do habitáculo o seu palácio... Ai de quem chegar perto, e "merece morrer" quem encostar neles, que são ao mesmo tempo carro e pessoa.

Ao jovem meio tímido, podia ser até que ninguém desse atenção numa balada, mas na rua, não há como não reparar nele, pois sua personalidade se transforma em deus, porque agora veste seu carro, que "fala" alto (som), faz barulho (escapamento), tem pressa (dá arrancadas "cantando" pneus) para ficar parado ("vitrinando", porque o jovem onipotente e o seu carro ficam estacionados, colados um ao outro), expondo-se para ser visto e admirado por outros que gostariam de estar no lugar dele. Agora ninguém pode com ele. Mesmo que o carro seja do seu pai...

Ninguém nega o poder natural e o conforto que um carro oferece ao seu usuário, mas isso não o transforma em deus. Mas o adolescente tem a tendência de sentir-se superior, com sua auto-estima provisoriamente lá no alto, e freqüentemente se põe a rivalizar e a competir em potência, velocidade e habilidade com qualquer outro "piloto".

4. BEBIDA EMBRIAGANDO O SUPEREGO

A primeira estrutura psíquica que a bebida embriaga é o superego, o responsável pelo controle social do comportamento do ser humano.

O superego começa a ser formado assim que a criança começa a aprender os padrões comportamentais vigentes ao seu redor. Um superego muito exigente e rígido provoca a inibição e a timidez, porque faz a pessoa sentir que não pode errar.

Nos primeiros tragos, quando o bebedor começa a perder a inibição, dar gargalhadas ou querer abraçar as pessoas, coisas que normalmente não faz, significa que o seu superego já começou a ser atingido. Juntando à taquicardia a sensação de calor e euforia que o álcool provoca, mais o nocaute do superego, o bebedor fica totalmente à mercê dos seus instintos mais profundos e passa a fazer e falar tudo o que lhe passar pela cabeça.

Está agora alcoolizado, menos de 1 g/l (grama por litro) de sangue, mas sente-se muito bem e livre para fazer tudo, sem perceber o quanto suas coordenações visual e motora estão alteradas, suas reações, mais lentas, e sua capacidade de avaliação da situação, prejudicada. É a onipotência alcoólica em plena ação. É um momento muito perigoso, pois perde-se a noção do risco de vida.

Um jovem de porte médio chega a esse ponto com três latinhas de cerveja, ou 1,5 dose de uísque. Equivale de 0,6 a 0,9 g/l de sangue.

Quanto mais se aumenta o teor alcoólico no sangue, maior é a probabilidade de acidente. Com cinco latas de cerveja, a possibilidade de acidentes é seis vezes maior que a média. Com sete latas, é 25 vezes maior a probabilidade de acidente.

Mesmo que não fosse tão onipotente juvenil, nem tivesse histórico prévio de alcoolismo, aquele jovem que se viu aprovado no vestibular, ficou tremendamente feliz e sentiu-se vitorioso como os demais que com ele foram aprovados. "Eu consegui" é o grito que não quer calar...

Nessa euforia, não haveria como não comemorar, ou melhor, "bebemorar" com os amigos. Em grupos, os jovens se estimulam a beber mais. Qualquer jovem bebe muito mais quando está com amigos que estando sozinho.

Não importam quais sejam as razões que motivaram o jovem a beber, o álcool tem o seu próprio funcionamento dentro do corpo determinado quimicamente, e não segundo a vontade do bebedor.

Despediu-se alcoolizado da turma e pegou o carro. Esta foi a última lembrança que ficou para os amigos. Mais um jovem onipotente morre alcoolizado em acidente de trânsito nas ruas da cidade.

5. ONIPOTÊNCIA PROVOCADA PELAS DROGAS

O trágico é que as drogas e o álcool aumentam essa sensação de onipotência. O jovem sente-se ainda mais poderoso. O onipotente acha que controla a droga, não vai ficar viciado. Isso não é verdade, pois a droga tem o seu caminho bioquímico dentro do organismo, pouco dependendo da vontade.

O único controle que os moços podem ter é enquanto a droga está fora do organismo deles, isto é, se não usá-la. Se usarem e errarem a dose expõem-se ao risco de overdose, ao dirigirem alcoolizados podem sofrer acidentes de trânsito.

Hoje as moças estão também abusando de drogas, tendo comportamentos e submetendo-se a situações tão ou mais perigosamente que os moços.

Tudo acontece na intimidade bioquímica dos neurotransmissores pelo circuito do prazer. O cérebro tende a repetir o que lhe dá prazer. O prazer estimula o cérebro a procurar a droga.

É muito comum um jovem sair de casa com a intenção de não usar a droga. Quando encontra os amigos, ou bebe uma cerveja, acaba usando a droga. Quando volta para casa, não entende por que usou. Ele ainda não compreendeu que a droga faz um trabalho cerebral, registrando o prazer que ela provoca. Está dentro dele uma vontade de usar a droga que ele não consegue controlar, por mais que diga que controla.

6. ONIPOTÊNCIA ALIMENTADA PELA PAIXÃO

Um casal de jovens, menores de 18 anos, apaixonados entre si, dizendo aos próprios pais que iriam viajar com amigos, foram sozinhos para um lugar a que nunca haviam ido antes para viverem seu grande amor em mais um final de semana.

Teria sido muito natural, e nem os respectivos pais saberiam, se ambos não tivessem sido brutalmente assassinados.

Os jovens, sem nenhum preparo mais cuidadoso, foram para um município pertencente à Grande São Paulo; estavam passando a noite numa choupana abandonada à beira de um caminho de pouco uso, dormindo praticamente no chão. Estariam vivendo provavelmente "o amor e uma cabana".

Ficou a dúvida: sendo de classe média e média alta, estudantes de boas escolas, viajados, por que foram a esse local?

O local é ermo, nele os bandidos se refugiam, e a polícia praticamente não faz suas rondas lá. A choupana abandonada devia estar suja e cheia de insetos, sem as mínimas condições de alguém sequer entrar nela, e o casal foi passar a noite ali... Não se pode entender tal gesto.

Um Romeu e uma Julieta são capazes de tudo para viverem o seu amor. Desconsideram os perigos, os riscos de vida e de gravidez, os relacionamentos com outras pessoas, mormente os próprios pais. Parece que tudo vai acontecer maravilhosamente e que a vida pode ser vivida mesmo numa cabana, se houver muito amor...

... e a dura realidade mostrou seu lado duro e cruel.

CAPÍTULO 9

Sexualidade feliz

Sempre se falou que o homem está mais voltado para o sexo e a mulher, para o afeto. O que não se sabia era que essas diferenças tinham imensa força dos hormônios testosterona, estrogênio e progesterona.

É importante conhecer como esses hormônios agem no nosso comportamento para termos mais controle e usufruto da vida afetiva e sexual, otimizando o que Eliezer Berenstein, ginecologista e obstetra, chamou de **inteligência hormonal.**

No caso da mulher, o saber das influências dos hormônios permite não ficar submetida aos altos e baixos do seu ciclo menstrual, mas administrar essas oscilações, utilizando a inteligência racional (capacidade adaptativa de resolver problemas) e a inteligência emocional (capacidade de harmonizar emoções, na busca da solução de problemas). Desse modo, o ciclo menstrual não precisa vitimar nem sacrificar a mulher.

Embora o homem não esteja sujeito a flutuações hormonais, também ele pode ser não refém mas parceiro da testosterona.

Se o homem desenvolvesse a inteligência hormonal, ele entenderia por que as mulheres têm comportamentos sexuais tão diferentes dele e assim ele poderia viver a intensidade do amor na área em que este mais se revela: a sexualidade humana.

Se a mulher também soubesse como funciona a mente masculina, como são os seus (deles) pontos fortes e fracos na cama, poderia ter uma vida sexual muito mais alegre e satisfatória, usufruindo dos orgasmos múltiplos e levando à loucura o seu companheiro (mesmo que ele fosse monótono, insípido e enfadonho).

Os filhos, crescendo com o conhecimento das influências hormonais nos seus comportamentos, terão menos dúvidas, conflitos e problemas a enfrentar...

Este capítulo aborda esse instigante tema, tão útil, importante e prazeroso para a saúde sexual, pessoal e relacional.

1. IDADES SEXUAIS

Assim que o garotinho começa a produzir mais testosterona, ele ainda não entende bem o que está lhe acontecendo. Sente comichão de mexer nos genitais e curiosidade pelo sexo feminino. Alvoroçados, espiam frestas de portas, buracos de fechaduras, janelas. Masturbam-se com freqüência, correm atrás dos espermatozóides. É a **idade do macaquinho**: os garotinhos "descascam suas bananas" todos os dias.

As meninas curtem essa idade de modo diferente: reúnem-se com grande entusiasmo e tumulto para falar de si mesmas. Suspiram nos seus sonhos pelo príncipe encantado, enquanto rivalizam com outras turmas. De repente, são surpreendidas pela menstruação.

Pelos seus espermatozóides, o rapaz se lança freneticamente em busca de uma relação sexual. Não importa com quem seja. Qualquer carniça lhe é filé-mignon, portanto é a idade do urubu. Nesta fase, o instinto ignora a educação numa busca de desempenho sexual.

Ultimamente tem acontecido de a primeira relação sexual do rapaz ser também a primeira vez da garota. Ambos se sentem mais seguros e confiáveis quando estão em igualdade de condições. Ninguém se sente cobrado nem cobrador um do outro.

Para as meninas na idade do urubu, o importante é se apaixonar, não importa por quem. Na era do "ficar", o número de pessoas com quem ficou é mais importante que as qualidades dos rapazes. Se para os urubuzinhos o drama é como transar com quem se apaixonou, as urubuzinhas vivem esse drama às avessas: como despertar a paixão em quem só quer transar.

Essa divisão fisiológica entre o feminino e o masculino deve ter sido uma das bases do machismo, que até hoje traz seus ranços nos comportamentos sexuais.

Entretanto, houve um grande avanço da sociedade quando a mulher rebelou-se contra o machismo e a grande maioria dos homens acabou concordando e aceitando os direitos iguais a sexos diferentes. Tanto que hoje uma boa parte dos homens está dando muito mais importância ao relacionamento, assim como uma grande parte das mulheres dá expressiva importância ao sexo.

2. O DESPERTAR DO SEXO

A puberdade da menina chega com o estrogênio, hormônio relacional típico da fêmea humana. Depois que amadurece um pouco mais, vem a progesterona, responsável pela menstruação e pela gravidez. Mais tarde, a prolactina se encarrega da amamentação.

A menina começa fazendo-se fêmea para depois tornar-se mãe. A cada ciclo menstrual, esse esquema se repete. Assim que acaba a menstruação, o nível de estrogênio vai aumentando, a fim de preparar a ovulação mensal.

Na primeira metade do ciclo, a mulher fica mais exuberante e atraente, com a pele sedosa e os cabelos soltos. Quanto mais estrogênio houver em circulação, mais curtas e justas ficam suas roupas, expondo cada vez mais o corpo. Ela não anda, ondula. Sua voz fica mais alta e sensual e seus lábios, mais carnudos. Até o dia da ovulação, correspondente humano do cio animal.

O estrogênio trata de embelezar e exuberar a fêmea para ser atraente ao macho, que está sempre no cio. Uma forte atração sexual faz o homem perder a cabeça e sentir paixão pela fêmea que o atraiu. Assim, a fêmea atrai o macho que vai escolhê-la.

Uma vez liberado o óvulo, o nível de progesterona começa a aumentar, as roupas tornam-se mais folgadas, o corpo fica mais coberto, e a mulher sai agora para fazer compras, cuidar da casa. Nessa segunda metade do ciclo menstrual, muitas ficam inchadas, irritadas, depressivas ou tudo isso junto. O corpo da mulher se prepara para a maternidade e ela se fecha para construir o ninho.

Quando não há gravidez, surge o sangramento menstrual e, em seguida, recomeça a fase da atração do sexo oposto. Se engravidar, o nível de progesterona continua alto.

3. NAMORADO(A) DORMINDO EM CASA

Os pais são mais tolerantes e receptivos aos amigos dela pelas próprias características que envolvem uma amizade. Mas tudo muda se há namoro, pois os pais ficam desde atentos e apreensivos a preocupados com a vida sexual e suas conseqüências. Pode correr tudo às mil maravilhas, mas sempre pesa a possibilidade de gravidez e muitos questionamentos.

É mais aceito o filho trazer a sua namorada para dormir em casa que a filha trazer o namorado, por causa do ranço machista que existe até hoje. Mas as complicações envolvem o casal de namorados e não somente um deles, portanto, as famílias saudáveis deveriam ter preocupações idênticas independentemente do sexo dos filhos. É o casal que engravida e não somente a garota.

As grandes paixões surgem na onipotência juvenil, quando o entusiasmo pela vida, a adrenalina para a aventura, os hormônios sexuais à flor da pele, a autonomia comportamental intensificam os sentimentos e as sensações dos jovens, tornando-os menos previdentes, menos ponderados, mais irresponsáveis. Ousados, atrevidos, precipitados, imprudentes, arrojados, hedonistas são algumas das marcas do onipotente juvenil.

Tudo tem o tempo adequado na vida. Mas os jovens não têm tempo para esperar. Cabe aos pais arrefecê-los um pouco para que caiam na realidade e não compliquem suas vidas e a dos outros que os amam.

Devido às inseguranças e violências, muitos pais abriram as portas da própria casa para que seus(suas) filhos(as) pudessem dormir em casa com suas(seus) namoradas(os), mesmo atropelando seus padrões comportamentais.

Isso tudo não significa que os pais tenham que se submeter aos caprichos dos filhos. É preciso que haja uma boa dose de adequação para uma convivência familiar harmoniosa.

Tem que se levar em conta também que há jovens que não se sentem à vontade em ter relações sexuais na própria casa. Nem tudo são tragédias, mas também nem tudo são flores.

Geralmente os pais masculinos (ou machistas) são mais resistentes a aceitar que o namorado da filha durma em casa, na mesma cama com a sua filha. Dormir até aceitam, desde que em quartos separados, ainda defendem alguns. As mães são mais tolerantes e compreensivas e aceitam mais não só por segurança, mas também por conforto dos filhos. Entretanto, pode haver mães tão intransigentes quanto os próprios pais masculinos.

Os jovens são sexualmente mais livres na sociedade do que em casa. Há pais que não procuram saber se existe ou não vida sexual entre os namorados, mas não permitem que eles durmam no mesmo quarto.

Há outros pais que são coniventes com os jovens pelo silêncio, pois até sabem que eles fazem amor quando não há ninguém em casa. Mas não oficializam.

4. PREOCUPAÇÕES DOS PAIS DOS NAMORADOS QUE "DORMEM" JUNTOS

As maiores preocupações dos pais dos namorados que dormem juntos nas suas casas são:

- Abalo dos clássicos padrões sócio-familiares

Uma jovem queria porque queria que os pais deixassem-na dormir com o namorado em casa. Os pais diziam o quanto esse comportamento era apressado para eles, que ainda não estavam preparados para que sua filha única, que eles sonhavam casar de branco na Igreja, de repente vivesse como casada em casa. A mãe ainda se preocupava com o que "os outros vão falar". Os pais pediram a ela que aguardasse até eles se acostumarem com a idéia. Ela terminou o namoro antes que os pais estivessem preparados para essa novidade.

● Estarem coniventes na precocidade das relações sexuais, facilitando ou estimulando a promiscuidade sexual (vários namorados em pouco tempo)

Os pais conheciam o quanto seu filho, 19 anos, era volúvel e instável nos relacionamentos afetivos. Quando começou a namorar uma garota de 22 anos, logo ele quis trazer a namorada para dormir em casa. Os pais negaram seu consentimento, pois o namoro tinha muito pouco tempo e eles temiam que a casa passasse a ser o local dos encontros amorosos do filho, que tinha ainda muito a viver pela frente. Se ele quisesse, que tivesse quantas relações pudesse, mas fora de casa. Eles não seriam coniventes com o que não concordavam. Se o namoro firmasse e dormissem juntos também na casa dos pais dela, os pais concordariam com ele. Depois de poucos meses, ele já estava apaixonado por outra garota.

● Estaria o rapaz namorando ou "se aproveitando" da minha filha?

Num atendimento familiar surgiu uma preocupação sobre o namoro da filha, 16 anos, pois o rapaz, 21 anos, não estudava, não trabalhava, não apresentou a família dele nem disse exatamente onde morava, apesar de ser extremamente simpático, agradável, solícito não só com ela, mas com toda a família, e de ter todo o tempo para se dedicar ao namoro. Queria só ficar agarrado à filha e os pais não tinham confiança nele nem na filha apaixonada. Ela nunca ouviu o que os pais diziam, e revoltava-se dizendo o quanto os pais eram preconceituosos, elitistas, etc., e que não aceitavam seu namorado porque era pobre. Os pais começaram a operação "não sustentar o que não concorda", isto é, cortaram tudo o que pudesse contribuir para o namoro, quando ela lhes pediu para deixá-lo dormir em casa. Não davam mais dinheiro para nada, ocupando-a todo o tempo, com motorista para acompanhá-la por onde ela fosse. Em pouco tempo, a filha começou a perceber quão "simpático e agradável vagabundo" era o namorado. Agora ela sentia na pele o quanto ele lhe era inadequado. Desfizeram o namoro.

● Estarão prevenindo a gravidez? Estão sabendo como se prevenir?

Atendo uma universitária que namora um rapaz que se negava a usar camisinha. Ele usava uma série de argumentos, até o eficiente "se você me amasse, deixaria eu transar sem camisinha", ao qual ela respondia "se você me amasse de verdade, usaria camisinha". "Mas hoje você não está nos dias férteis, pois já faz mais de 10 dias que menstruou", ao qual ela respondia "pois estou entrando nos meus dias férteis". "Então você devia tomar pílulas", e ela respondeu "não me dei bem com as pílulas". Quanto mais ela argumentava, mais ele contra-argumentava. Até que um dia ela falou firmemente "ou usa camisinha, ou relações sexuais somente depois de casarmos". Hoje ele usa sempre a camisinha e levam excelente vida sexual.

● Estão se cuidando contra as doenças sexualmente transmissíveis como Aids, sífilis, herpes, etc.?

Uma paciente minha, 19 anos, estava muito triste, em crise com o namorado. Estava com uma ferida sifilítica (sifílide) no seu genital externo. O namorado foi e é seu único companheiro sexual. Ele afirma que não tem nada. Não usavam camisinha pois ela tomava pílulas. O casal estava preocupado somente com a gravidez, e achava que o amor existente entre eles, único no mundo, os protegeria contra qualquer doença. Pois não protegeu. Entre o céu e o amor, existem doenças venéreas que não são prevenidas pelas pílulas. Comentei com ela "ainda bem que não é Aids, pois, mesmo que o relacionamento afetivo se abale, sífilis tem tratamento".

● A garota vai ao ginecologista para ver se está tudo em ordem. E quanto ao garoto? Qual o médico mais indicado?

Atendo um rapaz, 19 anos, que tem vida sexual com a namorada, 17 anos. Perguntei sobre prevenção à gravidez. "Ela toma pílulas", ele respondeu e explicou. Ela tem disfunções menstruais e as pílulas foram indicadas pelo ginecologista dela. "Ótimo!" comentei, mas perguntei: "Você sabe quando se engravida?" Mais que depressa ele me respondeu: "É claro que é durante a menstruação, pois é quando o óvulo está saindo..." Durante a entrevista expliquei sobre ovulação, espermatozóides, gravidez, etc. O jovem fez o comentário final "quer dizer que foi uma sorte ela estar tomando pílulas, senão já estaríamos grávidos..."

● "No meu tempo de juventude, era tudo muito diferente..."

"Eu temo pela segurança da minha filha", 16 anos, preocupava-se o meu paciente, 50 anos. "No meu tempo a vida sexual era mais livre, as mulheres queimavam seus sutiãs e os homens "transavam" o quanto podiam. O máximo era uma gravidez que a "mina abortava" ou uma gonorréia que a penicilina curava. Hoje existe Aids, que mata, e ainda existe o risco de gravidez. Gostaria que minha filha não fosse promíscua, que quando namorasse fosse somente com ele para a cama. E por segurança e controle, que fosse na nossa casa".

"No meu tempo, se eu nem falava com meus pais sobre sexo, como iria falar com eles sobre minha vida sexual? Hoje tenho a mente aberta e conversamos sobre tudo e eu já falei com minha filha de 20 anos que ela pode trazer o namorado dela para dormir em casa", dizia minha paciente, uma mãe de 55 anos.

● ... E os pais separados? Devem trazer os(as) respectivos(as) companheiros(as) para dormir em casa?

Atendo um jovem, 17 anos, filho único, que vive com o pai, que é separado. Numa madrugada, o pai entrou em casa quase furtivamente e foi verificar se o jovem estava dormindo. Este fingiu que dormia. O pai fechou suavemente a porta do quarto do jovem, que percebeu que o pai trouxera uma companhia feminina. Grandes dúvidas tomaram conta do jovem: "por que o pai não me apresenta a companheira dele?"; "será ela uma profissional da noite?"; "será que meu pai tem medo de que eu avance na mulher dele?"; "bem que o pai poderia pedir para a compa-

nheira dele trazer uma garota para mim"; "... se fosse eu a trazer alguém aqui escondido?"

● Se a mãe é separada, pode trazer o namorado para dormir em casa? Como ficam os filhos que vivem com a mãe?

Atendo um homem separado que ficou revoltado quando soube pelos seus filhos adolescentes que sua ex-esposa trouxera seu namorado para dormir em casa. Não achava certo a ex-mulher trazer o namorado dela para a casa que ele ainda sustentava. "Se o namorado quiser dormir, tudo bem, mas que ele arque com as despesas, e não seja um vivente a mais às custas da pensão que eu dou aos meus filhos", dizia ele. Ele se surpreendeu quando os filhos aceitaram o namorado da mãe com bastante naturalidade.

● Qual a conduta mais acertada?

Percebi através de muitos atendimentos familiares que não existe uma conduta padrão, única, para todos. Mas é importante que todas as famílias levem em consideração alguns pontos:

● ● É preciso que fique muito claro todos os pontos de vista sobre um(a) filho(a) que traz sua(seu) namorada(o) para dormir em casa. Não há como incluir nessa conversa os filhos pequenos que ainda não despertaram para o sexo.

● ● É importante que ninguém se sinta desrespeitado nem constrangido a falar ou calar o que pensa. É bom ouvir os filhos mais velhos que geralmente estão mais atualizados que os pais sobre os costumes vigentes.

● ● O que for bom para um não pode ser ruim nem constranger os outros.

● ● Para que um parceiro comece a dormir na casa do outro, é preciso que o namoro já tenha um considerável tempo, a ponto de os pais poderem conhecer melhor o namorado. Primeiro, este fica na sala de visitas para depois entrar no quarto.

● ● É importante que os pais dos jovens se conheçam para que todos fiquem por dentro do que está acontecendo, para que nenhum pai e/ou mãe sejam surpreendidos pelo que for que aconteça. Interessante é saber que quanto mais os pais do casal jovem sabem, mais responsáveis se tornam os jovens.

● ● A vida sexual deve ter sua privacidade e não se tornar pública através de anúncios, portas abertas, sons e ruídos atravessando paredes, nem os apetrechos sexuais devem ficar à mostra seja para quem for.

● ● Não é a empregada que deve limpar os resultados da vida sexual, nem é ela que tem que guardar os apetrechos sexuais utilizados ou a bagunça criada pelo entusiasmo sexual. Cabe ao casal deixar o quarto numa relativa ordem para que a privacidade seja preservada.

● ● O ideal mesmo seria que os jovens pudessem ter vida sexual quando já tivessem conquistado autonomia comportamental e independência financeira. Assim, todas as conseqüências teriam que ser assumidas somente por eles, sem depender de ajuda material dos seus pais.

● ● Mesmo com todas as explicações e justificativas dadas pelos filhos, caso sintam-se desconfortáveis, os pais (mãe e pai) devem manter a sua posição clara e firme sem temer que isso possa prejudicar os filhos. O que realmente prejudica é o fato de os filhos terem a sensação de que podem fazer tudo o que quiserem sem levarem em consideração o que os pais pensam e sentem.

5. USAR CAMISINHA É UM GESTO DE AMOR

Nada é mais simples e seguro que usar camisinha para evitar a gravidez.

Para aqueles rapazes que dizem que usar camisinha é como chupar uma "bala embrulhada", é bom que se diga o quanto essa analogia não tem nada a ver com o sexo masculino. Basta questionar quem está sendo embrulhado(a).

O homem que não usa camisinha está egoisticamente mais preocupado com seu próprio prazer do que em amar e preservar a sua companheira.

Em vez de atrapalhar, a camisinha ajuda o jovem, pois geralmente ele sofre de um apressamento incontrolável da ejaculação, quase uma ejaculação precoce. Então uma pequenina diminuição da sensibilidade faz uma grande diferença, pois, retardando o seu orgasmo, o prazer sexual do casal será muito intenso.

Outros rapazes podem dizer que é complicado colocar a camisinha. É complicado, sim, para quem não tem prática no seu manuseio. Colocá-la do avesso é praticamente impossível. Basta observar para que o depositório de esperma esteja voltado para a frente e desenrolá-la naturalmente com o pênis dentro.

É importante que o casal tenha bastante intimidade com a camisinha, que deve ser um bem comum. Não é só da responsabilidade do homem a sua colocação. Deve fazer parte do jogo sexual e a mulher também pode ajudar. Os preparativos são tão prazerosos quanto o ato em si.

O melhor meio de criar intimidade com a camisinha é brincando com ela.

Aproveitando os interesses e curiosidades dos garotos, os pais poderiam comprar as camisinhas ou facilitar que eles próprios comprem-nas. Usem-na para se masturbar, para brincar como bexiguinhas, etc. Não é fácil para um garoto usar a camisinha pela primeira vez já durante o ato sexual.

6. CAMISINHA FEMININA

Já a camisinha feminina é muito mais trabalhosa para ser colocada, pois ela funciona como uma tampinha que se fixa no colo do útero, dentro da vagina. É preciso ter a medida do colo do útero para se saber a medida da camisinha. Tamanhos diferentes não vedam eficientemente a entrada dos espermatozóides para dentro do útero. A mulher tem que permanecer durante dias com a camisinha aplicada, pois os espermatozóides podem viver até três dias dentro da vagina.

Existe um outro tipo de camisinha feminina que funciona como um dedo de luva às avessas. Isso ocorre porque essa camisinha forma uma espécie de saco comprido que é colocado dentro da vagina para lhe cobrir as paredes e receber o pênis dentro dele, para que todo o material ejaculado pelo pênis nem toque o corpo feminino. Quando a jovem retira a camisinha, todos os espermatozóides estão dentro dela. As vantagens desta camisinha sobre a outra são a facilidade da sua aplicação e a sua retirada após a relação sexual.

7. HOMOSSEXUALISMO MASCULINO

Tem sido cada vez mais freqüente no meu consultório o atendimento de pais perturbados e insatisfeitos porque seus filhos fizeram diferentes caminhos sexuais.

A grande maioria das mães aceita mais que os pais que seu(a) filho(a) seja homossexual. Mas existe também uma minoria de mães que não aceita de modo algum a homossexualidade de seus filhos.

O número de homossexuais masculinos assumidos deve ter aumentado, não porque tenha aumentado o número de homossexuais, mas porque eles resolveram assumir publicamente sua sexualidade. Eles sentem-se mais fortalecidos pelos movimentos sociais e pela melhor aceitação pública que no passado.

Recentemente fiz uma consultoria familiar para um casal cujo filho disse-lhes ser homossexual. Eles fizeram várias consultas procurando algum profissional que pudesse "remover" a homossexualidade com psicoterapia, tratamento hormonal, hipnose e até mesmo orientação religiosa. Eles não sabiam que o filho, por si mesmo, sem que eles soubessem, lutara contra isso e já havia procurado também alguns profissionais para demovê-lo dessa homossexualidade que ele mesmo não aceitava. Tentou até namorar garotas superatraentes, mas sua homossexualidade continuava. Até que resolveu contar aos pais. Ele jamais esperou que seus pais tivessem tamanha reação contrária. Sua vida virou um inferno em casa. O que ele não se conforma é com essa mudança de comportamento dos seus pais. Ele sente que continua o mesmo e que não merece tamanha rejeição pessoal, mesmo que até concorde e entenda que seus pais não aceitem a sua homossexualidade.

A homossexualidade está sendo muito estudada e atualmente não é mais considerada doença nem distúrbio sexual. Os estudos não ocupam somente o campo comportamental, mas atingem também a parte biológica, funcional.

8. HOMOSSEXUALISMO FEMININO

Ultimamente tenho atendido garotas e moças que têm uma vida sexual diferente da heterossexual.

Atendi uma garota, 16 anos, que pertencia a um grupo em que as meninas praticavam como que naturalmente a homossexualidade feminina, sem se considerarem homossexuais. Ela me dizia que se encontrasse alguma garota pela qual se sentisse atraída e fosse correspondida, não via razões para não se envolver sexualmente. Era só um relacionamento sem compromisso, pois o que ela queria mesmo era casar com um moço e ter filhos.

Muitas garotas que atendi chegavam com outras queixas e somente quando se trabalhava a sexualidade é que apareciam as diferentes opções. Ou seja, a sexualidade não vinha como primeira queixa.

Atendi garotas que "ficavam" umas com as outras somente para provocar os rapazes. Mas elas "ficavam" também com os rapazes. É como se elas aceitassem "estar" homossexuais mesmo sendo heterossexuais. Não atendi nenhuma garota que fosse somente homossexual.

CAPÍTULO 10

Drogas

1. ALGUNS TIPOS DE REAÇÕES DO PAI

Alguns pais masculinos cujos filhos se envolvem com drogas sentem-se traídos e reagem furiosamente, chegando inclusive a agredi-los, verbal ou fisicamente, numa nítida perda de controle da situação.

Isso acontece sobretudo quando o pai, que sempre confiou no filho e acreditou quando ele jurou que nunca iria usar drogas, foi pego de surpresa com ele usando drogas.**"Pai crédulo."**

Alguns jovens admitem o uso de maconha e afirmam que "vão continuar usando porque gostam". Dizendo preferir a verdade, em vez de mentir, como alguns amigos, contrariam e enfrentam os pais. **"Pai desafiado."**

Um pai pode pensar que o filho, usando drogas, além de fazer mal a si mesmo, falta-lhe com o respeito. Quando o uso piora e o filho diz que não quer parar, uma minoria de pais chega a expulsá-lo de casa. **"Pai autoritário."**

Outros pais masculinos acabam responsabilizando a mãe pelos erros educacionais no excesso de mimos, falta de limites, exagerada solicitude, etc. Livram-se, dessa maneira, da sua própria responsabilidade. Assim, nem o filho fica sendo tão responsável pelo que ele próprio tenha feito. **"Pai sempre certo."**

Já atendi pais masculinos que ficam tão perdidos que se submetem a tudo o que suas esposas pedem, desde fingirem que nada sabem até explodirem colericamente para imporem "mais respeito em casa". **"Pai perdido."**

Mais raros, existem os pais que pedem que "a mãe do filho cuide de tudo", já que param tão pouco em casa, porque vivem para o trabalho, assoberbados pelas responsabilidades profissionais e sociais. **"Pai ocupado."**

Quando Roberto descobriu que seu filho, 17 anos, estava usando drogas havia um ano e meio, ele ficou tão desesperado que quase teve um ataque cardíaco. Sua pressão arterial subiu, chegou a ficar zonzo, e os batimentos cardíacos foram a mais de 150. Roberto teve a sensação de que iria morrer naquela hora. Ficou violento e explodiu, através de gritos e agressões físicas: surrou o filho, jogou o telefone na parede, bateu portas... Via como única saída a internação do filho naquela hora. **"Pai descontrolado."**

2. ALGUNS TIPOS DE REAÇÕES DA MÃE

A mãe geralmente não fica tão surpreendida, pois já vinha captando sinais de modificações comportamentais do filho: já não sentava mais à mesa, sem ânimo para estudar, aparecia em casa com uns amigos diferentes e só ficava no quarto... Como polvo, ela procura acompanhar a vida do filho com todos os seus tentáculos. O pai, como cobra, capta uma coisa de cada vez, e acaba descobrindo quando a *performance* do filho começa a cair, quando já não quer ir para a escola, e quando dorme até tarde porque não consegue acordar cedo, como sempre fazia.

Quando um filho começa a não contar "as coisas" para a mãe, como sempre fez, ela começa a desconfiar achando que ele esteja "aprontando". Uma das maneiras de a mãe manter contato com o filho é através da fala. Mesmo da sala, a mãe pergunta ao filho no quarto "o que você está fazendo?" Pelo tempo que demora para responder, pelo tom de voz, pela firmeza ou vacilações da fala, a mãe já "sabe" se o filho está mentindo ou não. Na adolescência dos filhos, ela sempre desconfia daquilo que ela mais teme: as drogas. **"Mãe desconfiada."**

Quando o filho já não a olha nos olhos, evita contato, passando longe dela ou voltando para casa em horários que não a encontre, pelas pessoas com quem anda, pelo comportamento em casa, a mãe fica bastante preocupada. Ela imagina que possa estar acontecendo algo que o filho não lhe quer contar. **"Mãe preocupada."**

Quando o filho começa a tratá-la mal, a dizer que ela está por fora, que ela pega muito no "pé dele", recebe telefonemas curtos para em seguida sair sem dizer para onde vai, ou soltar respostas vagas como "vou dar uma volta", "quero dar um tempo", "vou até a padaria", "levar o cachorro para dar um volta", etc., a mãe já fica altamente preocupada e "noiada". Vem de paranóia, uma sensação de que alguém esteja tramando algo contra ela. **"Mãe 'noiada'."**

A mãe "noiada", para encontrar as provas de suas suspeitas, pode tomar atitudes de vistoriar, sem que o filho saiba, os pertences dele, as suas roupas, os locais onde eventualmente ele possa esconder a droga, ou qualquer gesto para revistar, conferir, ouvir telefonemas pessoais, informar-se com terceiros, etc. **"Mãe investigadora."**

Quando a mãe descobre maconha, ou qualquer outra droga, no fundo da gaveta da escrivaninha, ou na mochila, ou no bolso do bermudão de praia, ela se sente culpada por não ter acompanhado o filho em tudo, ou culpada pelo que o filho possa ter feito, ou culpada por não ter educado bem, ou culpada por ter trabalhado, ou culpada sem saber a causa. **"Mãe culpada."**

Depois que se certifica de que o filho está usando maconha, a mãe omite essa informação do marido, mesmo sendo ele o pai. Ela procura resolver sozinha a questão fazendo um pacto de silêncio sob a promessa de o filho parar de usar a droga. Não é maldade da mãe e sim um gesto de confiança no filho e de poupar o marido, tão ocupado, coitado, com tantas obrigações. **"Mãe poupadora."**

Sempre desconfiei daquele seu amigo. Ele é muito estranho, esquisito até. No fundo, eu sabia que ele fumava maconha. Desde que você (filho, 15 anos) começou a andar com ele, ficou também esquisito com a gente em casa. Tenho certeza de que foi ele que levou você para as drogas. Vou falar com os pais dele. Eles vão ver só. **"Mãe superprotetora."**

A mãe pode sofrer um ataque de polvo onipotente e arregaçar as mangas, colocando todos os seus tentáculos para resolver ela o problema do filho, já que "ninguém" resolve nada. Em geral esse "ninguém" é o marido dela, pai ou não do filho dela. **"Mãe onipotente."**

3. QUAL A MELHOR REAÇÃO DOS PAIS?

A melhor reação dos pais é aquela que realmente ajuda o filho a parar de usar as drogas. Mesmo que os pais façam tudo certinho, pode o filho não parar, e às vezes, apesar de os pais tomarem atitudes altamente desfavoráveis à parada, o filho pode parar de usar as drogas.

Nenhum pai e nenhuma mãe trazem um único tipo de reação. Cada um traz uma reação composta por alguns tipos, resultado do passado histórico da própria vida, do seu momento atual e dos prognósticos do futuro dos filhos.

Para se preparar o filho para que não use drogas o que vale é a combinação dos comportamentos do pai e da mãe, formando atitudes baseadas no princípio educativo da coerência, constância e conseqüência.

São muitas as causas para um filho experimentar as drogas, desde a simples curiosidade de busca de aventura e prazer até a mais sofisticada apelação psicológica e/ou doença psiquiátrica. A manutenção do uso também tem várias causas, podendo começar por uma predisposição familiar biológica (genética), um histórico pessoal de outros pequenos vícios, momentos de vida que estejam passando, até a falta que a droga faz ao próprio organismo depois que este se acostuma. Esta última fase é a do vício, ou dependência química.

O sucesso das reações dos pais depende também da resolução das causas pelas quais o filho começou a usar a droga, ou seja, o sucesso de tudo depende de um bom diagnóstico psicológico/psiquiátrico da situação.

A internação depende muitíssimo deste diagnóstico e não do desespero ou de quaisquer outros sentimentos dos pais. Trata-se de uma conduta médica que precisa ter seu profissional responsável.

4. NA CASA DO AMIGO

Caso o filho diga que vai à casa de um amigo, o pai (ou a mãe) poderia telefonar ao pai ou à mãe do amigo agradecendo o convite e colocando-se à disposição para o que for necessário. Poderia oferecer a sua casa para receber na próxima vez o amigo do filho. Geralmente assim os pais conseguem ter mais informações que as que o filho trouxe. Não é questão de desconfiança, mas de segurança e de prevenção.

É bastante comum não ficar nenhum adulto com os jovens. Nem todos os pais têm a mesma preocupação com os filhos e com os amigos dos filhos. Nessas ocasiões, a casa será usada como os jovens quiserem, conforme o interesse da turma. Essa é uma condição favorável para alguém experimentar fumar maconha. Está num lugar protegido, entre amigos, sem adultos por perto...

De todas as casas da região, basta uma casa ser *legalize* (legalaise) que é para lá que todos os jovens irão...

Se pai e mãe não sabem o que acontece quando seu filho junta-se com amigos em casa, e nem se interessam em saber, pode ser que lá se fume maconha, se cheire lança-perfume ou qualquer outra droga. O silêncio dos pais pode ser tomado pelos filhos como conivência com o uso de drogas.

Pode ser que a sua casa esteja sendo usada para esse fim.

Se um filho já aceita que seu melhor amigo use drogas, é porque ele acha que elas não fazem tanto mal como os pais falam. É bem provável que logo esteja ele também usando.

5. CONTRA OU A FAVOR

O mundo perdeu vários artistas por causa de álcool e drogas: Janis Joplin, Jimi Hendrix, Tim Maia, Elvis Presley, Garrincha, Elis Regina.

Nenhum viciado, ou dependente químico, ganha totalmente o jogo contra as drogas, pois o vício pode adormecer dentro da pessoa, mas ele nunca desaparece. A qualquer momento pode ser despertado e a pessoa volta a ser usuária.

A droga é sempre retrógrada. Quem a usa pode sentir um prazer na hora que está usando. Por isso, a pessoa diz que "usa drogas porque é bom" mas, no cômputo geral, logo vai perceber que lhe prejudica a vida, portanto, não é bom, mesmo sendo prazeroso.

Mas o jovem que começa a se interessar pelo assunto só presta atenção nas notícias favoráveis, como essa manchete, publicada em jornais:

A Holanda libera venda de maconha nas farmácias

O título, em letras garrafais, realmente chamava atenção. Li a reportagem. O texto dizia que a venda havia sido liberada para quem tem Aids, câncer, esclerose múltipla, síndrome de La Tourette. Esses pacientes, que apresentam alto nível de dor, estavam autorizados a usar a maconha para fins terapêuticos, com o objetivo de reduzir o seu sofrimento. A matéria dizia, ainda, que a maconha não devia ser fumada, porque fumá-la é uma prática nociva à saúde. Orientava em seguida para que a maconha fosse usada como chá ou infusão.

Depois de lerem somente esta manchete em vários meios de comunicação, alguns jovens comentaram comigo: "A Holanda liberou geral. Vamos lá fumar maconha".

O problema do uso das drogas não é somente dos meios de comunicação. Está também na cabeça do jovem que nem lê a notícia toda, formula uma posição e a divulga para todos, como se fosse o arauto da liberação da maconha.

Quantos comerciais de cerveja vendem a bebida como se fosse refrigerante!!! Muitos adolescentes minimizam o teor alcoólico da cerveja.

Beber cerveja como refrigerante é um conceito mercadológico que pegou. Muito dinheiro é gasto para criar este conceito. O trabalho contra o abuso do álcool tem pouquíssimo dinheiro, isso quando tem. O Estado não tem condições econômicas para arcar com as conseqüências médicas do alcoolismo. São doenças físicas de evolução sombria ocupando hospitais e todo seu *staff*, alterações psicológicas e psiquiátricas que ocupam tratamentos, leitos e vagas tão necessários aos doentes mentais que acabam sendo abandonados, sem contar os prejuízos familiares, sociais e do próprio mercado de trabalho.

Que tal se houvesse uma lei exigindo que, a cada comercial de televisão de qualquer bebida alcoólica, um terço do tempo fosse gasto mostrando acidentes de carro, violências, assaltos com testemunho vivo de suas vítimas? É claro que deveria estar incluída essa parte dentro dos 30 segundos do comercial sob o custo do anunciante. É utópica? Mas seria uma eficiente prevenção, porque atingiria especificamente a droga com seu público alvo. Assim, o jovem recebe uma opção de dupla escolha e não uma mensagem única a favor ou contra o uso do álcool. Poderia ser assim também com o tabaco.

6. EXEMPLO DENTRO DE CASA

A verdadeira prevenção está em formar uma opinião dentro do jovem sobre o quanto a droga faz mal para a vida, apesar de dar prazer durante o uso.

O que funciona não é só o exemplo de não usar drogas, mas o costume de se preservar sem ser chato, de ter coragem sem ser temerário, de ser mais resistente às frustrações, de ser progressivo mais que retrógrado, de resguardar o que é bom sem ser tediante, de ter mais que tudo a natural alegria de viver...

Crianças absorvem como os pais são. Portanto, os pais são os modelos para serem imitados. Se os pais fumam ou bebem, as crianças registram muito mais o prazer que os adultos estão sentindo do que a adequação, ou não, dos seus gestos. Futuramente basta às crianças despertarem o que está adormecido dentro delas, e acender um cigarro ou pegar um copo de cerveja.

Os jovens querem é sentir o prazer e não o vício. O vício é quase uma seqüência da repetição desse prazer. Quanto mais prazer sentir, maior a vontade de repetir esse gesto.

Mesmo que seus pais não toquem em bebidas alcoólicas, muitos adolescentes começam o contato com a cervejinha por curiosidade, para fazer o que a sua turma faz, para repetir o que viu nos comerciais de cerveja veiculados pela televisão.

Depois que o jovem conhece a bebida, passa a usá-la das mais variadas formas, seja tomando uma cervejinha para refrescar, como refrigerante, seja para "quebrar o gelo" da timidez para abordar outra pessoa, seja para competir e ver quem é o que bebe mais...

Os pais que bebem ou fumam em casa autorizam direta e indiretamente os filhos a fazerem o mesmo.

7. EDUCADOS PARA O PRAZER

Os pais, hoje, têm feito apologia do prazer. Não importa quanto eles se sacrifiquem, querem que o filho tenha prazer. A parte do sacrifício fica apenas para os pais. Isso é educar para as drogas.

Desde cedo, os filhos aprendem que os pais devem arcar com os custos, responsabilidades e/ou sofrimentos dos seus atos (inclusive os futuramente provocados pelas drogas). O que lhes cabe é usufruir ao máximo o prazer.

Na tentativa de demonstrar amor aos filhos, alguns pais acabam sendo retrógrados. O que ganham é insuficiente para comprar o tênis da moda ou qualquer outro capricho desnecessário, mas acabam comprando. Em vez de mostrarem a realidade, os pais deixam de fazer o essencial para pagar o tal tênis.

Essa divisão – sacrifício dos pais, prazer dos filhos – passa uma falsa noção de qualidade de vida e reforça a falta de ética na sua definição (o que é bom para um tem que ser bom para todos).

O engano se faz até nos níveis bioquímicos dos neurotransmissores. A molécula do THC – sigla, em inglês, do tetraidrocanabinol –, constituinte ativo da maconha e do haxixe, é bastante parecida com neurotransmissores que levam mensagens elétricas aos receptores nas sinapses dos neurônios cerebrais.

As moléculas do THC se encaixam nesses receptores, enganando-os quimicamente como se fossem neurotransmissores fisiológicos, e os desativam, mas antes provocam uma descarga de prazer. É assim que as moléculas de THC vão se acumulando nas sinapses, dificultando e prejudicando o seu funcionamento.

Aos mais interessados, indico a leitura do meu livro *Anjos Caídos – Como Prevenir e Eliminar as Drogas na Vida do Adolescente.*

Parte 2

Família de alta performance

Família

A família sempre foi, é, e continuará sendo
o principal núcleo afetivo de qualquer ser humano.

Na família nasce o ser.
O adolescente parte em busca da identidade social.

Com autonomia comportamental e independência financeira,
o adulto-jovem busca alguém para ter sua parceria.

Seu maior sonho é realizar a felicidade.
Pelos filhos, a felicidade se perpetua.

Ser eterno é o seu segundo maior sonho.
A civilização se alimenta da educação e história dos filhos.

Histórias que escrevem páginas no livro da Humanidade.

...E os filhos trazem na sua própria existência
a felicidade e a eternidade dos seus pais.

IÇAMI TIBA

CAPÍTULO 1

Pedra filosofal dos relacionamentos pais e filhos

Para os alquimistas, **pedra filosofal** era:

1. Fórmula secreta que os alquimistas tentavam descobrir para transmudar metais comuns em ouro (Dicionário Aurélio) ou fórmula imaginária para converter qualquer metal em ouro (Dicionário Houaiss).

2. *Fig.* Coisa difícil de descobrir ou de realizar (Dicionário Aurélio) ou coisa muito rara e valiosa que se procura obter em vão (Dicionário Houaiss).

O genial Albert Einstein (1897-1955) tinha ainda um grande sonho, o de descobrir uma "teoria do tudo", abrangente o bastante para englobar todas as forças da Física, unificando as forças eletromagnética e gravitacional. Se tivesse os recursos de computação que temos hoje, talvez ele tivesse conseguido realizar o seu sonho, tema hoje dominante da Relatividade Geral e Mecânica Quântica.

No universo relacional dos seres humanos, tão vasto e complexo quanto a humanidade, muito tem se falado e escrito sobre felicidade e sofrimento, amor e ódio, sucesso e fracasso, excelente e péssima qualidade de vida, saúde e doença psicológica, educação perfeita e falida, integração e guerra dos povos, individualismo e gregarismo, vida e morte em família, etc.

Existiria uma fórmula secreta ou imaginária que regesse todos os relacionamentos humanos? Uma "teoria do tudo" relacional? Algo que garantisse a felicidade e a eternidade?

1. PEDRA FILOSOFAL DOS RELACIONAMENTOS HUMANOS GLOBAIS

Descobrir a **pedra filosofal dos relacionamentos humanos globais** é do interesse de pouquíssimos entre muitos especialistas estudiosos em comportamentos humanos.

A maior dificuldade está em como envolver tantas e diferentes opiniões sobre cada tema abordado. Debates sérios, reuniões científicas e conversas leves não chegam a uma conclusão final única sobre a perfeição dos relacionamentos humanos.

Se é melhor ter filhos homens ou mulheres, se a família é uma instituição falida ou não, se acredita-se ou não em Deus, até quando os pais devem sustentar os filhos, e milhares de outros interessantíssimos temas provavelmente não chegariam a resultados que obtivessem unanimidade absoluta.

Quero apresentar algumas referências básicas que tomei para elaborar este capítulo:

- gente gosta de gente por instinto;
- penso, sinto e ajo, logo existo;
- família é o berço dos valores superiores: gratidão; disciplina; religiosidade; cidadania; ética;
- filhos nascem dos pais, mas não são seus pertences eternos;
- maturidade é ter autonomia comportamental e independência financeira;
- os seres humanos querem a felicidade;
- a educação familiar e a escolar são básicas para a sociedade;
- educação é adequar os instintos e vontades para uma boa convivência humana;
- o amor e a felicidade são progressivos; o ódio e a violência, retrógrados;
- o amor relacional não está pronto à espera de nós: ele é construído a partir do momento em que se começa a convivência;

- **progressivas** são as disposições para ajudar, associar, admirar, aprender, ensinar, evoluir, negociar, defender-se, ser feliz, melhorar o mundo, etc.
- **retrógradas** são as disposições para maldizer, blasfemar, mentir, explorar, exagerar, enganar, chantagear, inferiorizar, superiorizar, extorquir, desprezar, corromper, sabotar, violentar, roubar, matar, etc.

A pedra filosofal dos relacionamentos humanos globais é uma utopia. O ouro da alquimia seria o relacionamento perfeito entre os relacionantes. O próprio entendimento sobre o relacionamento perfeito já gera debates, conversas e discussões.

O relacionamento humano perfeito, em minha definição, é dinâmico, atualizado, equilibrado, compartilhando um bem-querer, com satisfação mútua e plena, interativo com o seu meio ambiente e benéfico para a sociedade.

Tal relacionamento progressivo, em busca constante de melhorias, que seja excelente para todas as pessoas e seu ecossistema, é a **integração relacional**.

Portanto, buscar algo que seja absolutamente perfeito, em se tratando de relacionamentos humanos em progressão, é praticamente impossível, devido à transitoriedade dos pensamentos, sentimentos e ações do próprio ser humano. Seria uma procura "em vão" como é inerente à definição figurada da pedra filosofal (Houaiss).

Se na alquimia buscava-se o segredo da transformação de metais comuns em ouro, com a minha proposta quero ajudar a transformar os relacionamentos retrógrados em progressivos através da educação.

2. CLASSIFICAÇÃO DOS RELACIONAMENTOS HUMANOS GLOBAIS

Para a busca dessa pedra filosofal, procurei partir da mais simples classificação possível entre os relacionamentos humanos para a mais complexa. Para tanto, fica mais didático chamar o relacionamento de Eu-Tu, usando o Eu como nome da pessoa sujeito, e o Tu como o da outra pessoa.

Para o Eu, o Tu pode ser uma pessoa semelhante (parecida) ou diferente.

Se o Tu for semelhante, ele pode ser conhecido (do seu convívio) ou desconhecido. Entre os conhecidos o Eu e o Tu estabelecem relacionamentos verticais (acima-abaixo) ou horizontais (mesmo nível).

Essa classificação encontra-se no quadro 1.

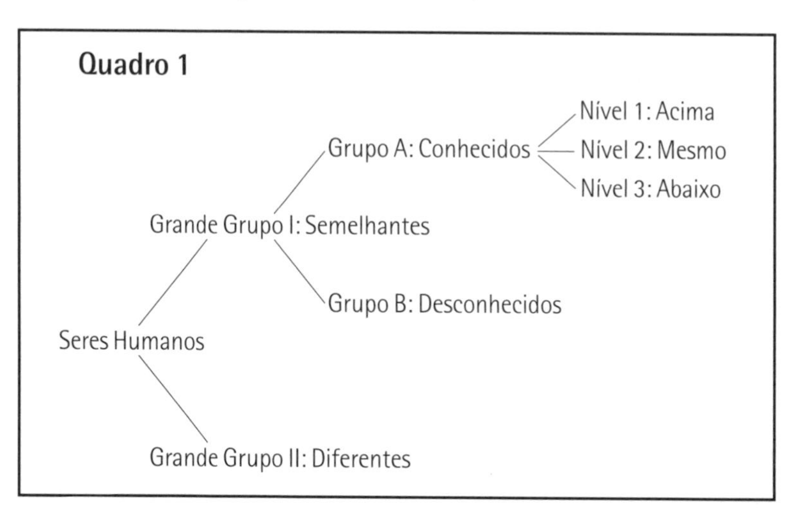

Com a finalidade de exemplificar a complexidade, delicadeza e vulnerabilidade dessa classificação, vou delimitar a abrangência de cada palavra nela utilizada e defini-la.

- Pessoas Semelhantes: Grupo formado por pessoas que encontram pontos de semelhança entre si. Agora, compliquemos um pouquinho? Todos os seres humanos são semelhantes entre si, pois pertencem à espécie humana, mas cada um é diferente do outro. Portanto, todas as palavras usadas no quadro 1 variam conforme o ponto de vista utilizado. Estou usando um grau bastante abrangente para esse grupo, colocando como semelhantes as pessoas que residem em uma mesma região e/ou regidas pela mesma cultura ainda que residam em diferentes regiões. Os católicos espalhados pelo mundo são semelhantes entre si, mas cada um deles é diferente do outro.
- Os diferentes, por exclusão, são os não semelhantes.
- Dos semelhantes, fazem parte os conhecidos e os desconhecidos. O grupo dos conhecidos é formado por pessoas com quem mantemos ou tivemos convivência. Mesmo que o grau de conhecimento possa variar, como parentes e "conhecidos de vista" (um Tu transeunte que passa no mesmo local à mesma hora todos os dias pode ser conhecido de vista de um Eu parado no seu lugar).
- Desconhecidos são todos os outros não-conhecidos que pertencem ao grupo dos semelhantes. Os diferentes são também desconhecidos.

Entre os conhecidos, ao se estabelecer um relacionamento, o Eu, para se situar, faz comparações com os Tus. Pela comparação, o Eu encontra o seu lugar, o seu posicionamento no grupo. Nessa comparação, o mais comum é o estabelecimento de níveis. Aquele é mais alto que eu; eu sou mais gordo que o outro; eu me acho mais feia que ela; ele me parece mais rico que eu; sou menos famoso, etc.

Assim se, num padrão escolhido, o Tu pode estar acima do Eu, em outro padrão o mesmo Tu pode estar abaixo do Eu. Rapidamente se faz uma correlação indevida, apesar de habitual. Como se o Eu que estivesse acima fosse superior a Tu, e vice-versa.

- Os termos superior, igual e inferior não significam que uma pessoa é melhor ou pior que outra, mas que um tem ou é mais desenvolvido que o outro naquele padrão escolhido. O mais alto não é melhor que um mais baixo, mas ele tem mais altura que o baixo. Um pai não é superior ao filho, apenas está mais desenvolvido que este.

3. PAIS E FILHOS PROGRESSIVOS E RETRÓGRADOS

Os pais podem ser progressivos ou retrógrados conforme sejam as características desenvolvidas por eles nos seus comportamentos no dia-a-dia.

Nenhum ser humano escapa desta seqüência biológica progressiva: feto; bebê; criança; púbere; adolescente; adulto-jovem; adulto; senescente; e velho.

A ação dos cromossomos escapa dos nossos desejos. A despeito de qualquer vontade de postergá-la, ou até mesmo de negá-la, a velhice chega, assim como chegou a adolescência.

A parte psicológica, do "como somos", sofre muitas variações individuais, familiares, sociais, de época, de local, etc. Mas tem também a sua evolução para se atingir a maturidade, passando pela infância e adolescência. Essa evolução é a parte que traz as diferenças individuais, fazendo de cada pessoa um ser único neste planeta.

O adulto biológico pode não ser maduro, assim como pode um adolescente ser amadurecido, conforme as exigências do seu ecossistema de vida.

Até o nascimento, o feto é progressivo biológico. Assim que nasce, conforme as características dos pais, da escola e da rede de pessoas à sua volta, já começam a ser delineados os sinais progressivos ou retrógrados, pois tais sinais dependem muito da educação recebida.

Quando a criança começa a tomar iniciativas próprias, já se percebem nitidamente as tendências que podem ou não ser confirmadas para progressivas ou retrógradas. Os pais progressivos ficam atentos e ensinam os caminhos do progresso. É o **amor que ensina.**

Se os filhos deixam de fazer o que são capazes de fazer, isto é, já aprenderam o que é para ser feito, é chegada a hora do amor que exige. Os pais devem impedir que os filhos façam o que não devem e ao mesmo tempo já mostrar quais alternativas eles poderiam tomar ou que outras soluções os filhos poderiam procurar. Simplesmente proibir, além de não resolver nada, paralisa os filhos. A paralisia é retrógrada.

Entretanto, é na adolescência, com a sua busca da autonomia comportamental, que as pessoas já se revelam progressivas ou retrógradas.

São **adolescentes retrógrados** aqueles que: mentem; fazem chantagens e o que sabem que não deve ser feito; deixam tudo para a última hora; não são comprometidos com o que fazem; não têm disciplina nem ética; usam drogas; cometem transgressões; pirateiam o que conseguem; colam habitualmente nas provas escolares; não pensam no futuro; etc.

Essas ações são caminhos fáceis e atalhos que nem sempre levam ao destino desejado. O que parecia ser lucrativo e vantajoso na hora acaba custando mais caro e dando mais trabalho para ser verdadeiramente realizado mais tarde.

4. RELACIONAMENTOS PROGRESSIVOS E RETRÓGRADOS

Muitos pais de adolescentes sentem-se desanimados: "Já fiz tudo errado. Como vou fazer para corrigir os erros nessa fase em que meu filho começa a ter vida própria?" O que foi feito no passado pode servir de base para não se repetir os mesmos erros. Assim, conseguiremos transformar nossos erros (retrógrados) em acertos (progressivos) futuros.

A rebeldia, a discordância de idéias, a descrença dos filhos com certeza não indicam que eles já não mais dependem dos pais. Mesmo que financeiramente sejam independentes, os pais deveriam continuar afetivamente importantes.

Situações há em que os pais consideram seus filhos desobedientes quando na realidade estes já começaram a desenvolver um pensar diferente dos pais, encontrando diferentes maneiras de resolver problemas. Portanto, diferenças comportamentais nem sempre significam desobediência.

Aliás, quanto mais progressivos forem os pais, menos os filhos serão rebeldes ou desobedientes. **Pais progressivos** não estabelecem o que os filhos devem fazer, mas ajudam-nos a encontrar os melhores caminhos. Os progressivos sabem que, por mais que os pais indiquem os caminhos, os passos são dos filhos.

Os pais retrógrados são os "donos da verdade"
e acham que sempre sabem o melhor caminho para os filhos,
ou que carregam sempre os filhos para que eles não se cansem.
O que acaba acontecendo é a atrofia das pernas...

A educação é um processo continuado e dinâmico. Portanto, nunca é tarde para iniciar o projeto educativo, se a meta é transformar o filho num cidadão progressivo. Para isso, os pais também têm que ser progressivos.

Pais progressivos dão exemplos, ensinam e estimulam os filhos a serem progressivos. Sabem que têm que ser firmes para exigir dos filhos os caminhos e os resultados, em tempo combinado. Percebem rapidamente que a imposição autoritária, a exigência cega, a agressividade e a violência animais, o grito desvairado, a chantagem ardilosa são recursos dos pais retrógrados.

O **relacionamento progressivo** não é medido pelo resultado progressivo, mas pela soma de dois progressivos. Tem um sentido mais ideológico que matemático. Mesmo que um pai seja tremendamente progressivo, se o filho for retrógrado, o seu relacionamento é retrógrado, pois o filho está deixando de se desenvolver.

Para haver um relacionamento progressivo, é preciso que também o filho seja progressivo. Nem sempre o pai estará junto para carregar esse filho. Como funcionará esse filho sem este pai tão progressivo?

Para haver um **relacionamento retrógrado**, basta que um dos dois seja retrógrado.

Por mais que o pai seja superprodutivo e não necessite do empenho do filho, este não pode ser retrógrado. Se ele continuar retrógrado, o relacionamento será sempre retrógrado.

5. CONSTRUINDO UM "PROGRESSIVO"

"Progressivas" são as pessoas que andam para a frente e avançam na vida. A pessoa progressiva se desenvolve, amadurece e torna-se um cidadão do bem. Não é só olhando os outros fazerem ou ouvindo lições e conselhos que os filhos aprendem. É também fazendo o que viram e/ou ouviram que eles confirmam o saber. Uma das melhores características da pessoa progressiva é a sábia humildade de querer aprender sempre.

Pais progressivos costumam observar seus filhos e acabam entendendo que filhos pequenos estão pensando enquanto fazem. Se os pais quiserem fazer por eles o que eles já sabem serão por eles rechaçados. Os verdadeiros alimentos da auto-estima são a alegria e a satisfação que sentem as crianças ao conseguirem fazer sozinhas o que desejam.

Fazer pelo filho o que ele já sabe é amputar sua capacitação e congelar sua vontade de aprender mais. Assim é que o "folgado" quer fazer cada vez menos e se torna um esperador e o ativo se retroalimenta com sua própria ação e fica cada vez mais curioso e sequioso por mais fazer, tornando-se um empreendedor.

Quem sabe fazer, aprendeu fazendo.
Quem faz acaba descobrindo novos caminhos.
Quem olha os pais (outros) fazerem, aprende a olhar.
É montando em um cavalo que se aprende a galopar.

"Retrógradas" são as pessoas que andam para trás. Mesmo que elas só parem, continuam retrógradas, pois o mundo caminha e elas vão ficando para trás. O pior retrógrado é o que acha que já sabe tudo e não precisa aprender mais nada.

Quando os pais não educam seus filhos, todos estão sendo retrógrados. Os pais, porque são as primeiras vítimas dos seus filhos, e os filhos porque sofrem sendo mal-educados e fazem todos sofrerem à sua volta.

Uma vez, vi um pai se abaixar para amarrar o cadarço do tênis de um garoto de 11 anos. É uma tarefa que o filho poderia muito bem executar. Será que ele já tentou amarrar sozinho e não conseguiu ou nem teve a oportunidade de tentar? Não importam quais foram as causas dessa falta de ação. O fato está instalado. Se sabe amarrar os próprios cadarços e não o faz, é um folgado que sufoca os pais. Se não sabe, é um ignorante que só postergou o aprendizado. Mas esse garoto pode recuperar o tempo perdido, afinal nada está determinado definitivamente. É só ter a humildade de começar a fazer algo que nunca fez...

Como será que esse garoto se arranja na escola, onde seus pais não estão e as pessoas presentes não estão dispostas a ficar amarrando cadarços de ninguém?

Será que os pais pensaram que não conseguirão jamais ficar 24 horas por dia à disposição do filho?

Como está a auto-estima desse garoto quando se encontra no meio de outros garotos, cada qual amarrando o seu cadarço?

O que poderia satisfazer os pais em amarrar os cadarços de uma criança pequena agora é uma obrigação vexatória. Os pais não prepararam o filho para sua autonomia comportamental. Foi uma "gentil poupança" retrógrada.

6. PROFISSIONAL BRILHANTE, PAI... NEM TANTO!

Vamos analisar outro exemplo: um profissional com uma carreira progressiva. Ele se desenvolveu bastante no trabalho e tem condições de oferecer conforto material e boas escolas aos filhos. Mas se seus filhos não estudam e/ou usam drogas e/ou têm quase 30 anos e não arrumam trabalho, provavelmente esse profissional brilhante foi um pai retrógrado. Portanto, ser progressivo em uma área não impede o ser retrógrado em outra.

Bem-sucedido no trabalho, o pai lidera uma empresa com 1.000 funcionários. Mas ao chegar em casa, esse grande negociador se transforma em marionete dos filhos, cedendo aos caprichos de um filho pequeno ou não conseguindo dialogar com o adolescente.

Tão poderoso no comando dos funcionários, revela-se impotente para administrar o próprio filho nas situações mais corriqueiras. O que poderá lhe acontecer se souber que seu filho está usando drogas?

Contudo, a desgraça da família não é inerente ao sucesso profissional. O que existe é uma incompetência administrativa das diversas funções. Se temos cinco dedos, precisamos desenvolver os cinco. Um aluno não pode estudar só as matérias que lhe agradam e ignorar as outras. Tem que estudar todas elas.

Um jornal de São Paulo veiculou um caso surpreendente:

Uma mulher foi morta e seu filho, ferido por policiais, quando tentavam fugir após praticarem um assalto. Ela era ex-delegada de polícia expulsa da corporação. Passou a roubar junto com o filho. Essa mulher foi muito mais mãe do que profissional, mas uma mãe retrógrada. Ser progressiva é lutar contra o que não concorda. Entrou no jogo do filho e ambos foram retrógrados.

A meta do *Projeto de Educação Quem Ama, Educa!* é transformar o filho em um "cidadão progressivo". Portanto, os pais também devem se preparar para serem educadores dos seus filhos. Esse preparo não é uma questão de tempo a gastar e/ou falta de material para estudar. É mais uma questão de priorização.

Pais educadores priorizam a educação. Não precisam abandonar o futebol, mas não perdem a oportunidade de ler o que é publicado nos jornais e revistas, assistem a debates educativos na televisão e conversam com outros pais sobre os problemas mais comuns dos jovens.

7. RELACIONAMENTOS VERTICAIS E HORIZONTAIS

As diferenças de nível entram em ação mais no grupo das pessoas conhecidas que nos outros grupos.

Em qualquer lugar do mundo, em qualquer agrupamento, existem três níveis de pessoas se inter-relacionando. Isto significa que existe sempre alguém num nível acima de você e outro num nível abaixo. Um dos maiores segredos do sucesso nos relacionamentos é saber lidar bem com esses níveis. É uma pequena parte da pedra filosofal dos relacionamentos humanos.

Os relacionamentos verticais são compostos por pessoas de diferentes níveis hierárquicos e geralmente trazem nomes diferentes: pai-filho; chefe-empregado; professor-aluno; etc.

O pai pode ser um excelente cirurgião-dentista. Ele está numa posição acima naquele momento na sua área profissional, em relação ao filho que nem está na faculdade. Nem por isso o pai é melhor que o filho ou superior a ele, só está em estágio mais desenvolvido.

Mudando-se os critérios, essa classificação pode mudar. Numa eleição seu voto tem o mesmo valor que o do seu filho e do seu colega. Como eleitores, pai, filho e o colega estão no mesmo nível. Este é um dos **relacionamentos horizontais**, que geralmente têm nomes igualitários e comuns como eleitores, colegas, filhos, amigos, cônjuges, etc.

Se um lida bem com computador e o pai não consegue sequer ligá-lo, naquele critério, naquele momento, o filho está acima do pai; isso não significa que seja pessoa melhor, mas apenas mais desenvolvido que o pai, naquela área.

Portanto, é muito relativo o critério de superioridade da pessoa em relação aos outros. Essas diferenças são absolutamente transitórias e mudam não somente pelos passos retrógrados ou progressivos pessoais, mas também por mudanças circunstanciais.

Mas podemos ter a certeza absoluta de que aquele que se considera superior a todos como pessoa porque está rico, poderoso, célebre, ou seja qual for o critério utilizado, é uma pessoa que tem falsa visão de si mesmo.

Dessa maneira, percebe-se a sabedoria de uma pessoa progressiva quando ela tem:

- a digna humildade de estar sempre pronto para aprender;
- o profundo reconhecimento da importância dos outros;
- o desejo de igualdade do ser humano;
- a elevada consciência da relatividade e transitoriedade da superioridade e inferioridade das pessoas; e
- um forte sentimento de pertencer a este universo tão grandioso.

8. LIDANDO COM AS PESSOAS DESCONHECIDAS E/OU DIFERENTES

Quando a criança estranha alguém por causa da cor, da roupa, da língua, ou qualquer outra diferença que não conheça, ela pergunta para a mãe ou adulto que estiver junto, porque quer entender essa diferença.

A criança, na sua ingenuidade, pergunta o porquê das diferenças com bastante naturalidade, dirigida pela curiosidade. Os adultos são mais "polidos" e sabem que podem estar sendo inconvenientes e nada perguntam. É uma forma até de respeitar a outra pessoa na condição que ela tiver.

Quando uma criança pergunta o porquê da outra pessoa ser pobre, ou ter um nariz tão grande, surge o momento sagrado do aprendizado. É a atenção concentrada que ela tem para ouvir e aprender a resposta que seus pais lhe derem.

Vale a pena ser verdadeiro, mas com o cuidado de não constranger ninguém. O que não vale a pena é ficar bravo com a criança, mostrando que ela foi inadequada ao perguntar. Muito cuidado com os preconceitos.

Se a criança aceitar, não é preciso explicar muito. Respostas muito longas transbordam o campo a ser preenchido pelo cérebro da criança e ela não aproveita a resposta clara, curta e suficiente para ela.

Com desconhecidos e diferentes, o Eu usa de diferentes métodos para se relacionar com o Tu. Primeiro o Eu identifica e depois passa a conhecer o Tu. O Eu progressivo não se considera superior, igual ou inferior a quem não conhece.

É o Eu retrógrado que, por preconceito, logo vai se considerando superior ao diferente e ao desconhecido. Qual o critério que o Eu usou? Esse critério tem valor para o Tu diferente ou desconhecido?

Quanto mais uma pessoa conseguir conhecer os diferentes e desconhecidos, com maior facilidade irá se relacionar com o mundo.

Se, desde o berço, o homem aprendesse mais a conhecer os diferentes e desconhecidos do que a considerá-los perigosos, inimigos ou inferiores, mais sábios, ricos e felizes seríamos todos nós.

O mundo seria muito monótono e pobre se fôssemos todos iguais. Não teríamos o encanto de conhecer terras e povos diferentes, não saborearíamos iguarias diferentes em nosso cardápio, não devanearíamos ao som de músicas exóticas...

Vale a pena ensinar aos filhos a riqueza da diversidade, a cooperação do diferente, a beleza do relacionamento homem-mulher, a força do vínculo entre pais e filhos. Os velhos não serão excluídos. Eles podem enriquecer os netos falando sobre a vida, pois os pais não têm tempo para se dedicar a essas histórias. Serão os acréscimos que farão a diferença para a vida futura dos netos.

9. PRECONCEITO, O VENENO MORTAL DOS RELACIONAMENTOS

A educação relacional deveria partir do ponto de vista de que perante a natureza todos os seres humanos são iguais e as diferenças existentes não se medem por superioridade ou inferioridade, melhor ou pior, mas sim por graus de desenvolvimento.

O diferente não é melhor ou pior, é diferente. Assim como os filhos são diferentes dos seus pais e vice-versa. Os pais são mais desenvolvidos, mas não são nem melhores nem piores que os filhos. O papel de professor ou provedor é diferente do papel de aluno ou dependente. Se não existisse esse, não existiria aquele.

Palavras podem ser controladas muito mais facilmente que a comunicação extraverbal. Muitos preconceitos se passam pela comunicação extraverbal.

Se você for visitar um parente com quem tem pouco contato e for mal recebido por uma criança, fique atento! Ou a criança é mal-educada e trata mal todas as pessoas ou falaram mal de você um pouco antes de você chegar!

Assim, não importa qual o assunto, se é comida, religião, raça, profissão, etc., passamos o que sentimos junto com o que falamos. Crianças que dizem que não gostam de algo que desconhecem estão mostrando um preconceito. Ou seja, têm uma idéia preconcebida antes do contato.

Existem também preconceitos positivos. Já se valoriza algo antes do contato.

Muitos jovens atribuem à maconha poderes que ela não tem, num preconceito positivo, enquanto muitos pais consideram o filho um viciado se ele tiver fumado maconha, num preconceito negativo. Dessa maneira, num campo que já estivesse minado, os preconceitos bilaterais explodem o relacionamento pais e filhos.

Nada pior para um relacionamento saudável que o Eu relacionar-se consigo próprio pensando estar se relacionando com o Tu. Se o Eu tem um preconceito sobre o Tu, mesmo estando na presença de Tu, o Eu vê somente o conceito que já tinha sobre o Tu e deixa de descobrir o verdadeiro Tu.

10. HARMONIA E SINERGIA ENTRE OS CONHECIDOS

Entre o grupo dos conhecidos, estão os três níveis: acima, abaixo e mesmo.

Os critérios de avaliação para esses três níveis são bastante subjetivos e transitórios, variando conforme a época, os elementos considerados para essa classificação, o momento social, a região, e tantos outros campos e fatores, e seria muito difícil listá-los aqui.

O foco da pedra filosofal dos relacionamentos humanos seria transformar em progressivos todos os relacionamentos humanos. É uma tarefa em vão porque não há como acabar com os retrógrados, pois eles fazem parte do arsenal humano de comportamentos. É preciso saber que eles existem e aprender a lidar com eles.

Como os primeiros passos da grande caminhada pela humanidade começam na família, é nela também que se pode aprender a ser progressivo ou retrógrado. Assim, essa pedra filosofal estaria sendo formada pela família, complementada pela sociedade, a partir de suas escolas.

A natureza é bastante simples na sua complexidade. Assim também poderiam ser simples os relacionamentos.

Os relacionamentos humanos são compostos por no mínimo duas pessoas: o Eu e o Tu.

Se estivesse num nível acima, o Eu poderia:

- tirar vantagens pessoais da situação em detrimento do Tu;
- ajudar e favorecer somente o pessoal ligado ao Eu, perseguindo o Tu e seu pessoal;

- maltratar, ofender, explorar, ignorar, pisar em cima, constranger, excluir e praticar outras ações que tragam sofrimentos físico, psicológico e/ou social para o Tu e seu pessoal;
- não gostar de estar na posição de Tu, recebendo tudo o que Eu estaria lhe impingindo;
- provocar sentimentos negativos nas pessoas ao seu redor;
- ser onipotente e retrógrado;
- "sair pela porta dos fundos".

Se Eu estivesse no mesmo nível em que o Tu está, o Eu poderia:

- tentar eliminar, sabotar, sacanear o Tu;
- desfazer os méritos, denegrir a imagem, criar maledicências, tudo com a finalidade de tirar o Tu da concorrência;
- temer a competição saudável, aberta e franca com o Tu;
- desgastar sua energia prejudicando seu rendimento;
- os olhos do Eu ficariam estrábicos: um fixado no objetivo desejado, o outro, na competidora, controlando para que esta não lhe puxe o tapete...

Se estivesse num nível abaixo, o Eu poderia:

- querer derrubar o Tu e as pessoas que estivessem acima;
- negar, desafiar, desobedecer, fingir que não ouve, não atender, fazer o contrário do que é pedido por Tu;
- sentir muita inveja de quem estivesse acima;
- querer mostrar superioridade em algum outro aspecto que nem vem ao caso (sou pobre, mas sou honesto);
- detestar se relacionar com o Tu e outras pessoas que estivessem no nível superior;
- gerar mal-estar em todos à sua volta;
- perder oportunidades de crescimento, retardando serviços alheios;
- ser altamente retrógrado.

Os denominadores comuns de todas essas características são: destrutividade; onipotência; prepotência; arrogância; inveja; ciúmes; competição desleal; desprezo; exclusão; etc. Todas essas características são retrógradas.

11. A LINGUAGEM DO AMOR

O relacionamento progressivo usa a **linguagem do amor** entre todos os três níveis, independentemente de onde estejam Eu e Tu.

Na linguagem do amor, onde todos ganham, os principais verbos são os positivos ajudar, associar e admirar. Todos eles promovem o bem-estar. Todos eles começam com a, de amor.

- Se o Tu estivesse em nível abaixo, o Eu deveria **a**judá-lo.
- Se o Tu estivesse no mesmo nível, o Eu deveria se **a**ssociar a ele.
- Se o Tu estivesse em nível acima, o Eu deveria **a**dmirá-lo.

Num relacionamento vertical, o Eu ajudando o Tu, que está num nível abaixo, despertará em Tu sentimentos bons como gratidão, boa vontade em querer retribuir, sensação de ser reconhecido, o que provoca um aumento de auto-estima em Tu, ânimo para torcer para que o Eu progrida cada vez mais. Eu vai entrar sempre pela porta da frente na casa de Tu, e dela sairá também pela "porta da frente", que lhe estará sempre aberta.

Para as pessoas progressivas quase não importa em que nível estejam, pois o seu comportamento relacional depende muito mais dos seus valores internos (superiores) do que da posição em que se encontram. Os progressivos sabem da transitoriedade das vantagens e desvantagens, do poder e da fama, e se adaptam bem a qualquer situação. Sobreviverão em paz não os mais fortes, os mais famosos, os mais poderosos, mas os que melhor se adaptarem às mudanças. A principal força do progressivo é o seu poder de evolução.

Para superar a transitoriedade do relacionamento pais e filhos adolescentes, todos têm que ser progressivos e entenderem que os três níveis interagem sinergicamente.

Quando se chega à adolescência, esses três níveis começam a se confundir, pois o filho pode ter simultaneamente os três níveis com seus pais, podendo estar abaixo através da dependência financeira, estar no mesmo nível, sendo parceiro num esporte através da igualdade de condições, e estar num nível acima quando ele fala inglês ou mexe bem com computadores, pois seus pais nada disso conseguem.

Viverá melhor quem estiver preparado para o que a vida promove ou a fatalidade lhe traz. De um momento para outro o que está no nível superior passa para o inferior por um motivo qualquer. Como poderiam ser os pais cuidados por filhos retrógrados?

De repente estava eu, um superpai, num leito pós-cirúrgico de um hospital, ligado a vários tubos, cercado de enfermeiras e médicos, todos estranhos que cuidavam muito bem de mim, mas a minha alma somente se reconfortava quando estava nos braços e sob os cuidados dos meus filhos e da minha esposa.

CAPÍTULO 2

Caminhos para uma família de alta performance

1. NASCE UMA FAMÍLIA DE ALTA PERFORMANCE

O mundo está em plena mudança.

O passado já aconteceu e temos história para nos lembrarmos, o presente está mudando numa velocidade cada vez maior, e caminhamos para um futuro inimaginável.

As estruturas físicas já construídas estão tendo que ser adaptadas aos avanços tecnológicos de muitas áreas e o que era novo já está se tornando obsoleto.

Entretanto, há cérebros vivos que não conseguem acompanhar esses avanços porque não fizeram as necessárias atualizações mentais anteriores. O cérebro, estrutura viva e genética dos cromossomos, não mudou, mas a mente, a estrutura viva do "como somos", sofreu uma grande evolução.

O corpo humano continua praticamente o mesmo há milênios. A vida individual começa com a primeira inspiração de ar e termina com a última expiração. Existem outros conceitos sobre a própria existência.

Temos um prazo vital para fazermos tudo o que quisermos e pudermos. Nossa meta final ainda é a felicidade.

Em uma única geração, milhares de anos do "como somos" ficaram de ponta-cabeça.

Mais que nunca a família ganha importância, principalmente se ela for atualizada com novos conceitos educacionais. Pelo *Pro-*

jeto de Educação Quem Ama, Educa!, busca-se a melhoria da performance de todos os integrantes da família.

2. GRANDES TRANSFORMAÇÕES NO COMPORTAMENTO HUMANO

As grandes transformações que já aconteceram, nas últimas décadas, no comportamento e nas relações humanas não chegaram a ser previstas pelos estudiosos da psique humana há cinqüenta anos. Elas continuam acontecendo no dia-a-dia, silenciosa e gradualmente.

E como cada um de nós, quase sem perceber, fez parte dessas modificações, só fomos percebê-las quando já estavam tão grandes a ponto de nos aparecerem como novas, estranhas ou não.

Considero importante que cada pessoa saiba da sua própria participação nessas mudanças e tenha consciência de sua força.

A família atravessou profundas e importantes revoluções nessas últimas décadas. Alguns pais insistem em repetir modelos ultrapassados, ancorados em uma espécie de lamento saudosista: "No tempo do meu pai era bom. Bastava ele me olhar, que eu obedecia".

Mas se realmente tivesse sido tão bom, teríamos repetido o que eles fizeram para manter o que foi bom e não teríamos participado dessa revolução evolutiva.

Esse anacronismo pode trazer dificuldades para a educação dos filhos na infância e sobretudo na adolescência.

3. ADMINISTRAÇÃO EMPRESARIAL APLICADA EM CASA

O universo empresarial também atravessou mudanças. Elas estão ficando cada vez mais enxutas. Funcionários são despedidos e recontratados como autônomos. Investe-se na terceirização.

A geração dos pais viveu na pele essa alteração no mercado de trabalho. Muitos entraram numa empresa como *office-boy* e por meio do seu esforço, ou do tempo de serviço, foram galgando degraus até chegarem à gerência ou, quem sabe, à diretoria.

Hoje, anos de dedicação a uma companhia podem contar pontos negativos no currículo se durante todo esse tempo a pessoa tiver desempenhado a mesma função. Hoje existem muitos outros valores, agregados ao cumprimento da obrigação, que diferenciam um trabalhador bom de um medíocre.

A estrutura empresarial também se transformou. Antes, lembrava muito a hierarquia militar. O poder de uma pessoa no trabalho podia ser medido em função do maior número de funcionários subordinados a ela e era tanto mais importante quanto menos pessoas ela tivesse hierarquicamente acima dela.

Era uma estrutura piramidal com relacionamentos verticais. Atualmente, as relações no trabalho são mais horizontais e mais abertas.

Se no passado o empregado tinha tarefas bem definidas, hoje não basta cumprir a sua parte, ou seja, o que se pede. O melhor funcionário é o que age como se ele próprio fosse uma microempresa dentro da empresa.

Os valores exigidos para a realização profissional são empreendedorismo, competência, criatividade, disciplina e, passando por todos esses, a inteligência relacional.

Enquanto isso acontece no meio empresarial, o que se passa na família? Os modernos conceitos de gestão têm sido aplicados dentro de casa?

De modo geral, os profissionais estão repartidos: são bastante desenvolvidos no trabalho e quase ausentes em casa. É como se tivessem um pé no terceiro milênio e o outro no ar, buscando apoio.

Esses mesmos profissionais bem-sucedidos ficaram buscando alternativas que pudessem melhorar a vida dos seus filhos na base do erro e do acerto, já que ninguém lhes "ensinava" o melhor caminho, mesmo porque ninguém sabia o que exatamente deveria ser feito.

Quando uma família se fecha para resolver seus problemas educacionais, ela está reinventando sua própria roda educativa dos filhos, enquanto no social o pessoal já está correndo de carro.

Assim, a educação acabou virando uma colcha de retalhos, isto é, as ações educativas eram tomadas em função do que os filhos fizessem e quando, e conforme a disposição interna, disponibilidade externa, sentimentos e conhecimentos que os pais tivessem na hora.

Os pais sabiam que suas referências de infância e adolescência já não serviam mais, mas também tinham conhecimento de que não sabiam muito bem o que fazer numa época em que os filhos ficaram tão diferentes do que eles foram.

4. DIFERENTES CONSTITUIÇÕES FAMILIARES

As famílias têm hoje diferentes constituições. Não são mais um núcleo piramidal de pessoas unidas pelo sangue, com o poder maior no pai, seguido pelo da mãe para "cuidar da casa e criar os filhos", que formavam a base da pirâmide.

A família de hoje é um núcleo afetivo, socioeconômico, cultural e funcional num espírito de equipe no qual convivem filhos, meios-filhos, filhos postiços, pais tradicionais-revolucionários-separados-recasados, o novo companheiro da mãe e/ou a nova companheira do pai.

O que relato abaixo é bastante genérico e segue os caminhos que a média dos casais que se separam fazem:

Um casal, José e Maria, com filhos, se separa. Ainda hoje a Maria, como muitas outras Marias, fica com os bens afetivos, filhos, enquanto José, com os bens materiais, com o dinheiro. Hoje existe a guarda compartilhada em que os filhos podem ficar igualmente com Marias e Josés. Essa guarda é uma conquista dos Josés.

Geralmente Maria mantém a estrutura de família: mãe e filhos. José volta a viver sozinho. Pouquíssimos Josés voltam a morar com os seus pais. Maria fica mais tempo que José sem casar outra vez, mas José logo encontra uma parceira.

A nova parceira de José pode ser uma mulher solteira, o que está ficando raro, ou uma mulher ex-casada que tenha filhos. Geralmente as Marias não largam os filhos.

Eis José agora com uma nova família, lidando e/ou cuidando dos filhos da nova mulher, mas restringindo pensão aos seus filhos porque ficaram com a Maria. Muitas Marias precisam pedir ao juiz que reclame essa pensão e este faz Josés pagarem sob pena de ir para a prisão.

Hoje Maria também pode encontrar um parceiro a quem pode namorar, apresentar aos filhos, e, caso estes não aprovem, isso dificulta muitíssimo a vida dos dois, pois Marias preferem não casar outra vez a contrariar os filhos, mesmo que os pais Josés tenham se casado outra vez.

É natural que a nova mulher de José, como a maior demonstração de amor, queira lhe dar um filho, isto é, engravidar dele. As Marias, quando amam, querem dar filhos ao seu amor, mas quando separam, não os entregam. A própria Maria não os entregou, e a nova mulher de José trouxe os filhos dela, que ficaram com a Maria.

Mas José não resiste à conversa de travesseiro noites e noites até que ele e a nova companheira decidem ter um filho, um só... Não é raro as Marias sabotarem o novo marido e engravidarem calculadamente, "sem querer". Alguns Josés se separam, mas a maioria acaba "entrando" no jogo da nova mulher.

Quando os filhos que ficaram com a Maria vêm visitá-lo, eis o panorama: José e seus filhos com duas mulheres diferentes mais os filhos postiços que vieram com a nova mulher; a nova mulher com filhos de dois homens, José e o ex-marido; todos os filhos de todos sob um mesmo teto.

Enquanto os filhos são crianças, cabe a administração dessas situações aos adultos. Conforme a adolescência for chegando para cada um dos filhos, a rede de relacionamentos balança, pois as mudanças de um repercutem nos outros que pertencem à rede.

O que caracteriza a adolescência é a autonomia comportamental, o que significa lutar para conseguir realizar vontades próprias. Cada um se acha no direito de mudar de escola, de morar com o pai ou com a mãe, e, quando juntos, de não obedecer ao seu não-pai ou à sua não-mãe. O adulto que não é obedecido passa a não ser respeitado pelos próprios filhos, e começa a reinar uma confusão geral.

Filhos adultos-jovens podem não querer morar com nenhum dos pais e requerer morar sozinho mesmo sem independência financeira. José agora pode ter despesas com três casas: a própria, a da ex-mulher com seus filhos, e a do adulto-jovem.

Para acabar com essa confusão generalizada, o importante é que a família funcione como uma equipe. Cada integrante dessa equipe tem seus direitos e suas obrigações, combinadas e estabelecidas com o acordo dos outros integrantes, não importa se o outro é filho, meio-filho ou filho postiço. O que for bom para um não pode ser ruim para o outro, diz a ética familiar. A equipe familiar é uma minisociedade e deve fazer valer a cidadania familiar.

A família que adota o sistema de equipe acaba com os problemas de consangüinidade. Também não importam idades, sexos, etapas da vida (adulto, adulto-jovem, adolescente, criança), cada um lidera naquilo em que é mais desenvolvido.

Num lugar onde um adulto não cabe, uma criança pode conseguir melhores resultados. Um adolescente pode ser mais despachado em informática, enquanto as finanças podem ficar a cargo dos adultos.

A vitória de uma equipe familiar é a qualidade de vida de todos. A felicidade não está pronta à espera de que se chegue até ela. Ela já se encontra no caminho, a cada passo de qualidade de vida que se dá, não se lamentando pelo que não se tem, mas usufruindo muito bem do que e de quem se tem...

Tudo isso vale também para muitas outras diferentes constituições familiares como: pais que trabalham fora enquanto os filhos cuidam da casa; pai idoso, mãe jovem e filhos adolescentes; pais adultos-jovens, crianças pequenas cuidadas pelos avós; Marias e Josés com mais de dois casamentos, trazendo filhos de cada um deles; etc.

Se Freud fosse vivo, empreendedor como era, talvez clicasse o atualizar e passeasse pelos novos sonhos e se aprofundasse nas novas dores da alma das pessoas de hoje, e nos iluminaria com novos e magistrais lances práticos que poderiam inserir a Psicanálise em uma nova vertente. O Complexo de Édipo talvez fosse ampliado, envolvendo novos personagens, e sua leitura psicanalítica seria atualizada. Seus seguidores talvez nem falassem mais tanto em luto pela perda da infância...

5. PROJETO DE EDUCAÇÃO QUEM AMA, EDUCA!

Se antes a família funcionava no esquema de chefia patriarcal, hoje ela precisa atuar como uma equipe. Esta já é um avanço, mas pode estar mais atualizada se forem aplicados alguns conceitos de empresa.

Toda equipe possui um projeto de existência e valores básicos.

Da mesma forma, os pais precisam ter um projeto de educação para seus filhos. Sugiro o *Projeto de Educação Quem Ama, Educa!*

Durante muito tempo ouviu-se falar: "Quem ama, cuida!"; "Quem ama, provê!"; "Quem ama, perdoa!"; etc. Adolescentes nossos estão cuidados, providos e perdoados, mas não têm educação.

O* Projeto de Educação Quem Ama, Educa! *tem como objetivo fazer do filho um cidadão de sucesso e feliz e como meta que os pais se tornem materialmente desnecessários mas se mantenham afetivamente importantes.

Através desse projeto, é possível despertar nos filhos os valores essenciais como empreendedorismo, competência, criatividade, disciplina, espiritualidade e, sobretudo, inteligência relacional, além da gratidão, cidadania e ética.

Vários conhecimentos deveriam constar da educação dos filhos para se estimular o desenvolvimento de suas personalidades. É como plantar sementes e ajudar a planta a crescer. Não adianta colocar adubo numa terra que não foi semeada; nem plantar e depois abandonar a terra... As melhores sementes são os valores superiores e o melhor adubo, as suas práticas.

Não adianta vencer na vida material e ser infeliz ou achar-se feliz, dependendo ainda afetiva e financeiramente de outros.

A infância é o aprendizado do alfabeto relacional. Até os 4 anos de idade, a criança praticamente já absorveu o mundo ao seu redor, tendo até aprendido como lidar com muitas situações, mesmo sem compreendê-las profundamente.

O adolescente sente uma vontade imperiosa de se mostrar e ser visto por outros adolescentes numa busca de autonomia comportamental social que assola a sua personalidade, tumultuando todos os que lidam com ele. Nessa fase, o adolescente adora ir para locais onde nem consegue entrar, de tão cheio de adolescentes que estão... Reparei que adolescentes adoram ir para a escola, mas o que os atrapalha são as aulas...

Na adolescência, questões não resolvidas ou não aprendidas na infância podem vir à tona. Com certeza, pais adequados de adolescentes têm condições de recuperar uma infância mal semeada ou mal cultivada. Mas pais inadequados que querem lidar com adolescentes como se fossem crianças só podem piorar aquelas questões.

Já pertence ao cidadão comum a expressão "fulano é assim porque teve traumas na infância". Entretanto, fulano pode ter adquirido os problemas na adolescência, mesmo tendo uma infância feliz. Adolescência também traumatiza pessoas.

6. NA PRÁTICA, O QUEM AMA, EDUCA!

O *Projeto de Educação Quem Ama, Educa!* tem a principal referência na Teoria Integração Relacional, de minha própria formulação, baseada nos estudos de várias teorias de desenvolvimento da personalidade e na minha prática clínica em milhares de atendimentos feitos a adolescentes e suas famílias.

Na prática, esse *Projeto* tem duas partes complementares.

A primeira parte é direcionada a crianças e abrange desde a gravidez até a adolescência. Relaciono a seguir os principais tópicos:

- As atualizações e adequações das funções de mãe e pai.
- Casal grávido.
- Comportamentos estilos vegetal, animal e humano.
- Felicidades egoísta, familiar, comunitária e social.
- Princípio da Coerência, Constância e Conseqüência.
- Auxílio obrigatório da Rede Educativa.
- Educação a seis mãos (Escola-Mãe-Pai).
- Guardando os próprios brinquedos.
- Disciplina, Limite na Medida Certa.
- Birra e o Método do Chacoalhão.
- Educação do "sim" para o "não" ter valor.
- Atendimento pit stop.
- Alfabetização relacional.

Esses tópicos todos fazem parte do meu livro *Quem Ama, Educa!*

A segunda parte desse *Projeto* é mais direcionada aos adolescentes e faz parte deste livro. Ainda assim, vou destacar alguns tópicos para poder completar a idéia sobre esse *Projeto de Educação*:

- Adolescência: segundo parto.
- Geração tween.
- Etapas do Desenvolvimento da Adolescência: confusão e onipotência pubertárias; estirão; menarca e mutação da voz; onipotência juvenil.
- Adulto-jovem: geração carona.
- Independência financeira: terceiro parto.
- Educação continuada: estudar é essencial.
- Temas indispensáveis para a construção do cidadão ético: Educações Relacional, Hormonal, Sexual, Contra o Uso de Drogas, Financeira, para Valores Superiores não Materiais, e para o Trabalho.

7. COMO OS PAIS PODEM PREPARAR UM FILHO PARA TER SUCESSO?

Não basta oferecer ao filho uma boa escola, modernos cursos extracurriculares, alimentação de qualidade e os melhores cuidados médicos, porque a educação é um projeto que requer foco e estratégias de ação, para atingir o objetivo pretendido.

Um pai empreendedor não desperta o empreendedorismo no filho apenas pelo seu exemplo.

Willian, 15 anos, obeso, inteligente, mas repetiu o primeiro ano do colégio. Não tem iniciativa para nada, mas quer dirigir e insiste que o pai lhe compre uma Ferrari vermelha. É hábito seu agredir verbalmente a mãe e chegou a ameaçá-la fisicamente. Chama-a de inútil e começa a quebrar o que vê pela frente se sua mãe não lhe traz um copo de água.

Seu pai, de origem muito pobre, é um empresário bem-sucedido. Esportista e empreendedor, o pai sempre procurava satisfazer todos os desejos e vontades do filho. Tratava sua esposa, mãe do Willian, como empregada. De orgulho, o pai passou a ter vergonha do filho e responsabilizava a "mãe dele" por isso. A pedido da mãe, o pai levou-o para o seu trabalho. Mas também lá o filho, além de não fazer nada, não saía do restaurante. Chamou-o de "comilão incompetente" e já não o queria lá, perto dele.

Willian não sabe nem mexer em computador, detesta ler, tem vergonha de ser obeso, mas é contra tudo o que precisa ser feito e só quer fazer o que tem vontade. O pai não conseguiu passar ao filho o seu empreendedorismo.

Assim, o filho aprendeu a não fazer nada. O pai, vencedor na profissão, sentiu-se fracassado no que ele tinha de mais importante: seu único filho.

Um dos pontos em que o pai falhou foi o de fazer tudo pelo filho sem que este tivesse que mover uma palha. O fazer tudo pelo filho, além de não educar, ensina o filho a nada fazer, ou seja, perde-se o foco da educação e com isso a estratégia de sua ação. O filho nunca conseguiu fazer nada à sua maneira, pois o pai tinha sempre a melhor solução.

O filho simplesmente trilhou o caminho aberto pelo pai e foi um transeunte da vida, cujos passos eram guiados pela exagerada solicitude dos pais e qualquer passo em falso era duramente criticado pelo pai.

A criança é "empreendedora" por instinto, já que não conhece o perigo e ainda não desenvolveu o superego, instância psicológica que regula nossas idéias e ações.

O adolescente é "empreendedor" por impulso, destemor e hormônios. O onipotente juvenil sente que tudo pode e nada de ruim irá lhe acontecer.

Willian estava onipotente nos seus devaneios e incompetente na sua realidade. Intimamente sentia que fracassaria em qualquer iniciativa empreendedora e para não se frustrar nas suas vontades tiranizava seus pais através da dependência. Assim, em vez de ser empreendedor, transformou-se, ou foi transformado, em "esperador".

8. TRANSFORMANDO SONHO EM PROJETO DE VIDA

Um líder educativo é o que aproveita positivamente o "empreendedorismo natural" da criança e do adolescente. Antes de estimular as ações, os pais poderiam "instigar seus sonhos", fazendo com que os filhos "enxergassem" os resultados pretendidos.

A segunda etapa é transformar o sonho em projeto. Caso não consiga essa transformação, muda-se o nome para **devaneio**, que é um simples sonhar pelo prazer de sonhar. Esse prazer é algo particular e ninguém tem o direito de desmanchá-lo. Muitas realizações começaram por devaneios que depois viraram sonhos...

Um bom exemplo de devaneio é quando uma pessoa, ao ver o prêmio da loteria acumulado em muitos milhões de reais, fica imaginando o que faria com esse dinheiro todo. Não terá como ganhar esse prêmio se não fizer pelo menos uma aposta...

Quando a pessoa faz uma aposta que seja, esse devaneio se transforma em sonho, cuja realização depende puramente do acaso.

A terceira etapa é o estabelecimento de metas. O grande objetivo é realizar o sonho, mas cada passo a ser dado pode ser considerado como uma meta, com prazo a ser cumprido. Aqui o sonho começa a pisar na realidade.

Para Willian, sua vida escolar estava tão ruim que passar de ano era-lhe um devaneio. Para os pais, uma obrigação dele. Willian jamais poderia passar de ano se não transformasse esse devaneio em sonho.

Devaneios não se realizam, sonhos, sim. Não importa o que se passa na cabeça dos pais, é o filho que está com o poder de devanear, de sonhar, de transformar devaneio em sonho. Os pais estavam tão envolvidos em querer que o filho passasse de ano que não conseguiam reconhecer o poder que o filho tinha.

9. DE FILHO "ESPERADOR" A EMPREENDEDOR

Através da terapia, conseguimos, Willian e eu a seu serviço, vislumbrar o devaneio e começamos a transformá-lo em sonho de passar de ano. Estávamos começando a colocar um pé imaginário no devaneio para termos onde pisar no sonho.

A maior dificuldade de Willian era sua crença no devaneio, isto é, negava a realidade de ter que estudar. Ficava ele perplexo com essa realidade. Como? Nunca fez nada para ter tudo, por que agora teria que estudar? O grande problema que Willian teve que enfrentar foi: a vida não é um devaneio.

Do sonho para o projeto de execução era o trabalho de colocar o "pé no chão". Não foi difícil para o Willian entender, mas ele estava muito perdido para poder se organizar. Preferia usar o truque da onipotência. Dizer "não quero" é colocar sua vontade em uma não ação. Dizer "não consigo" é expor uma ferida da sua auto-estima.

Tarefa difícil para nós foi o Willian ter que encarar que ele não era Deus, mas sim um ser humano que ri, que chora, que pode e que não pode, que acerta e que erra.

Willian me ouviu sempre a lhe dizer que, como psicoterapeuta, não dependia de mim ele passar de ano. Assim também o seu ser feliz dependeria mais dele que de mim. Ele estava infeliz e esperava que a felicidade fosse um pacote pronto que viria com a Ferrari vermelha...

Willian entendeu que dependia dele mesmo a sua felicidade. Para ele se sentir feliz, teria que dar o melhor de si para atingir suas metas de realização. A primeira meta seria a de passar de ano, pois ninguém poderia passar por ele.

O pé na realidade agora seria a meta de ir bem na sua primeira prova mensal. Estava começando a estudar, pois agora estava consciente de que não conseguiria ir bem nessa prova sem estudar...

Foi quando os pais de Willian se separaram e interromperam a sua terapia. Se Willian tivesse começado sua terapia alguns meses antes, com certeza estaria forte o suficiente para lutar pela sua felicidade, pois até em casa ele estava começando a tomar iniciativas.

Foi uma pena que o pai tenha interrompido a sua terapia...

10. PAIS: LÍDERES EDUCADORES

Mais do que simples provedores e exemplos, os pais têm que ser líderes educadores. E desempenhar essa função no sentido pleno: **educar** vem do latim *educare*, e, segundo o Dicionário Houaiss, é "dar (a alguém) todos os cuidados necessários ao pleno desenvolvimento da personalidade". Educar é ajudar a desenvolver o ser humano de dentro para fora.

Líder é a "pessoa cujas ações e palavras exercem influência sobre o pensamento e comportamento de outras" (Dicionário Houaiss). Líder é quem consegue passar ao liderado sua energia de vida, torcida, reconhecimento do empenho/competência do seu liderado, elogio e gratidão pelos resultados obtidos, compartilhando cada etapa do despertar até a realização.

O relacionamento do líder com os seus liderados traz dentro de si grande admiração mútua, sinergia afetiva nas trocas e uma forte união para um objetivo comum. Todo bom líder prepara novos líderes.

Líder educador é o pai ou mãe que consegue que o filho desperte, veja (consiga ver realizado), identifique, entenda, se entusiasme, se comprometa e realize o melhor que pode, o que tem que ser feito.

A tendência é que aquele que é bem liderado seja também um líder, uma pessoa de sucesso. Um bom líder contagia seu liderado. Um eficiente liderado carrega seu líder dentro de si.

É bom lembrar, porém, que nem todos os valores surgem naturalmente. Alguns podem e devem ser plantados. Os verdadeiros líderes também plantam sementes e ajudam-nas a se desenvolver.

Pais líderes educadores podem iniciar e desenvolver nos filhos vários hábitos saudáveis: comer bem; boas leituras; esportes; interesses e comprometimentos mútuos com trocas de experiências vividas; boa saúde física e mental; etc.

Minha proposta é que os pais líderes educadores comecem a introduzir na família os conhecimentos obtidos no trabalho. O primeiro passo é fazer com que as relações deixem de ser verticais. Nas empresas, a chefia está perdendo lugar para a liderança. Em casa, os filhos deveriam participar das decisões familiares dentro do alcance de suas competências e responsabilidades. Portanto, as decisões viriam da equipe e não somente do líder.

Cada funcionário dentro de uma empresa tem que funcionar como se fosse um profissional autônomo, fazendo o melhor que pode para o seu patrão, atual cliente empregador. Cada filho teria sua função a cumprir, seu papel a desenvolver dentro da equipe família.

Tempo de serviço repetitivo conta pouco no currículo da criatividade.

Numa família de alta performance, as rotinas seriam os deveres de cada um, para que ninguém fique perdendo tempo tocando a rotina dos outros. Arrumar o próprio quarto é um bom exemplo. Cada um que arrume o seu, pois não deve ficar sobrecarregando ninguém a tocar essa rotina, quando todos têm o mesmo direito a algo mais criativo e também a tocar seus próprios interesses.

Os pais líderes educadores entendem que os obstáculos que paralisam as máquinas são os mesmos que deveriam estimular as mentes dos filhos a buscar soluções mais adequadas. Máquinas precisam de comandos e filhos, de líderes...

11. PAIS FAZEM O QUE PATRÕES NÃO FAZEM...

- Como lidaria um líder com um empregado que passasse o mês inteiro sem fazer nada e se esforçasse só no dia do pagamento? O que um pai/mãe líder educador faria com um filho que estudasse somente na véspera da prova mensal?
- O que faz um líder cujo funcionário nada produz em um mês, fica outro mês parado e chega até o final do ano sem apresentar resultados? Continua ele pagando o salário? O que um pai/mãe líder educador poderia fazer com um filho quando repete de ano?
- O que um líder faria com uma pessoa a quem designou um carro para realizar suas funções, se ela parasse de trabalhar? O que um pai/mãe líder educador deveria fazer a um filho que ganhou um carro por entrar na faculdade, mas logo depois abandonou os estudos? Deixar que o filho continuasse com o carro?

- Aceitaria um líder que seu empregado, sem razão, viesse lhe dizer desaforos e o maltratasse? Por que um pai/mãe líder aceitaria que um filho, sem motivo, o maltratasse e lhe respondesse mal?
- O que um líder faria com um empregado que sai com dinheiro para pagar uma conta, não paga e gasta tudo em despesas próprias? E o pai/mãe líder poderia fazer o que, se o filho desviasse dinheiro da casa para baladas e bebidas?
- O que um líder faria com um funcionário que vivesse cutucando outros, provocando confusão por onde passasse e não cumprisse suas obrigações? O que um pai/mãe líder educador poderia fazer com um filho que vivesse maltratando a mãe, cutucando os irmãos, e por onde passasse deixasse tudo bagunçado?

Essas questões mostram que existem diferenças entre condutas ou ações tomadas nos campos profissional e familiar.

A grande questão que se levanta é que os filhos não são empregados nem a família é uma empresa. Um líder não tem vínculos afetivo-familiares com seus funcionários. O que rege o seu relacionamento é o trabalho.

Tanto um líder quanto seus liderados estão sujeitos a serem sumariamente despedidos conforme as mudanças que ocorrerem nas empresas para as quais trabalham.

Numa família, não se despede ninguém. Mas isso não significa que cada um não possa arcar com as suas devidas responsabilidades. Pelo contrário, na família existe o amor familiar, paterno, materno, fraterno e filial, além da proposta de vida diferenciada através de um comprometimento vitalício de um com os outros.

Um mau funcionário pode ser despedido, mas o que acontece com maus pais? O preço a ser pago pelos maus pais é muito maior e duradouro, pois vai influir diretamente na formação dos seus filhos. Não existe algo que faça os pais sofrerem mais que terem maus filhos.

Um empregado pode ser substituído por outros, mas todo filho é único e insubstituível, mesmo que tenha vários irmãos.

Se, por um lado, tais diferenças podem ser muito sofridas, as oportunidades de acerto são muito maiores que as de erro para os pais, pois nestes existe o amor e a vontade de acertar.

É graças à família que um bebê cresce e se desenvolve. Quem não teve família, contou com alguém que a substituísse.

O ciclo de vida humano é perfeito para as suas diferentes etapas. Nas etapas de maior dependência como infância e senilidade, sempre se pode contar com o cuidado de adultos. Um filho que depende dos pais vai ter a oportunidade de retribuir tudo quando eles envelhecerem.

Por melhores que sejam empregos e trabalhos, todos eles são transitórios na vida das pessoas. Existem em função da vida e não a vida em função deles. Trabalhamos para viver e não vivemos para trabalhar.

Os pais líderes educadores não carregam sozinhos seus filhos, mas estimulam-nos a serem comprometidos com o sucesso da família. Por melhor que cada um faça a "sua parte" na família, ainda existe a preocupação de um ajudar o outro no que este precisar.

12. FAMÍLIA, UMA GRANDE EQUIPE

Podemos aprender lições interessantes observando os gansos selvagens, como diz o comunicador e radialista Alexandre Rangel no seu livro *O que podemos aprender com os gansos.* Eles voam formando um V, que é a melhor maneira de se vencer a resistência do ar. Desse modo, o bando inteiro tem um desempenho 71% melhor do que teria se cada ganso voasse sozinho.

O líder fica no vértice do V. É o que precisa fazer uma força maior para quebrar a resistência do ar, e se cansa mais depressa. Os demais ficam atrás, abrindo o ângulo do V, e grasnam para encorajar os da frente.

Quando o líder ganso se cansa, ele passa para trás, e imediatamente outro menos cansado assume o seu lugar. E assim o vôo continua.

Se um deles adoece, dois gansos abandonam a formação e seguem o companheiro para ajudá-lo e protegê-lo. Não o deixam sozinho. Ficam ali até que esteja apto a voar de novo, no bando seguinte, ou venha a morrer. Só depois eles levantam vôo e se integram à formação em V de origem ou a outro bando qualquer.

O rendimento do vôo do bando não cai mesmo na troca dos líderes. Eles compartilham uma direção comum e predomina o instinto de comunidade sobre o individualismo. Eles se ajudam mutuamente nos momentos difíceis. Revezam-se na liderança e se beneficiam todos de serem liderados.

Esses conceitos podem ser aplicados à família. Ser progressivo na família é desenvolver todos os seus integrantes como cidadãos. Isso deveria valer para toda e qualquer família, não importando qual o seu tipo de constituição.

A responsabilidade de manter a casa em ordem não é só da mãe que volta cansada do seu trabalho. É de toda a equipe, isto é, os filhos têm que cada um arrumar os seus próprios pertences, inclusive o pai.

A família é uma equipe que deve ser defendida por todos. Se um adolescente sai sem apagar a luz do seu quarto, o prejuízo é da equipe. Cada um deve reconhecer o quanto pode estar sobrecarregando a família. O trabalho de um é para e pelo bem de todos, afinal todos dependem uns dos outros.

O agito de um pode sacudir o outro que está ligado a ele. A alegria de um contagia o outro. Os afetos correm soltos como se fossem líquidos em vasos comunicantes. Quando todos mantêm entre si um nível afetivo bem próximo, a família está sintonizada.

Esse espírito de equipe deve ser mantido também pelo adolescente longe de casa, pois onde for ele representa a sua família. Mesmo estando fisicamente sozinho, dentro de si ele carrega suas pessoas queridas.

Infrações domésticas são transgressões familiares cujas conseqüências imediatas podem ser insignificantes, mas são precedentes das grandes transgressões sociais.

"Cidadania familiar" é um viver cidadão dentro de casa, respeitando e fazendo respeitar as suas normas, para o bem comum da família. Esta precede a cidadania comunitária.

Hoje pai e mãe não têm muito como se safar dos apertos financeiros e assim não podem se dar ao luxo de um deles ficar em casa para educar os filhos. É preciso que os dois trabalhem para prover a família, ainda que tenham poucos filhos ou filho único. Não fossem tais apertos, ainda teriam fortes motivos para trabalhar, como realização pessoal na profissão, fazer valer um diploma tão duramente conquistado, ou até mesmo assumir os negócios da família.

Mas a própria tecnologia e os avanços relacionais de hoje permitem um recurso altamente atualizado para a educação dos filhos. É o **network educativo,** que é a rede de pessoas que os pais formam para educar seus filhos na sua ausência.

Essa rede em geral é formada por babás, empregadas, motoristas, avós, tias, etc., que ficam "tomando conta" das crianças enquanto seus pais trabalham. Elas diferem das pessoas comuns porque recebem dos pais uma orientação básica de como proceder e de quais são os pontos fundamentais que a rede precisa saber.

Essa rede aplica na ausência dos pais o que estes desejam para os filhos. Se os pais estão educando os filhos para guardarem os próprios brinquedos, a rede tem que continuar com esse ensinamento. Assim, todas as pessoas à volta da criança falam a mesma linguagem educativa. Dessa maneira, se preenche o princípio educativo da coerência, constância e conseqüência.

Essa rede é mais difícil de ser usada com os adolescentes, que praticamente fogem de qualquer tipo de controle. Mas seria muito bom que os funcionários da casa reportassem aos pais o que eles fizeram de bom e de ruim. Quando os adolescentes sabem que os pais vão saber, eles se controlam mais.

CAPÍTULO 3

Amor e negociações entre pais e filhos

A vida é o movimento do amor e das negociações.

A célula precisa de oxigênio para viver, mas morreria se só o recebesse.

Ela sobrevive porque devolve o gás carbônico.

Qualquer ser é vivo porque faz trocas e negociações internas e externas.

Inteligência, criatividade e religiosidade incluíram o amor nas trocas.

As trocas, o amor e as negociações construíram a civilização.

A civilização é formada por famílias.

A família é o berço do bebê, a escola da criança e a vida do adulto.

É da família que o bebê recebe afeto e forma auto-estima.

A troca é da biologia, o amor, da família e a negociação, do social.

... Assim, o amor é o oxigênio da humanidade!

IÇAMI TIBA

1. AMOR, ALMA DOS RELACIONAMENTOS HUMANOS

Onde há vida, há trocas. Se um organismo vivo não fizer as trocas respiratórias, pegar oxigênio e liberar gás carbônico, ele acaba morrendo. O gás carbônico, CO_2, é o produto final de todos os metabolismos no organismo. Se não for trocado pelo oxigênio, O_2, ele acaba matando as pessoas.

O inverso acontece com as plantas. Elas precisam do CO_2 e em troca devolvem o O_2 para o ambiente. Essas trocas fazem parte da natureza e são um grande aprendizado para o ser humano. As plantas precisam de nós e nós precisamos delas.

Essa é uma troca biológica, O_2 por CO_2, que se opera automaticamente pelo sistema nervoso autônomo. Não precisamos dar uma ordem mental para que se façam essas trocas. Portanto, não existem negociações nesse nível biológico. Ou faz trocas ou morre.

Não se medem as trocas afetivas entre dois apaixonados, os aspectos da educação ao exigir a prática diária do que foi aprendido, os aspectos da auto-satisfação de ter feito algo de bom a alguém.

A palavra **negociação** por mim usada neste contexto é tudo o que acontece no relacionamento entre duas ou mais pessoas ao longo da vida, sem a frieza mercantilista, mas considerando as trocas afetivas, permuta de favores, intercâmbio de idéias, investimentos na educação, etc.

Trocas afetivas saudáveis são todos os familiares ganhando e sentindo-se bem com elas. Mesmo não sendo mercantilista no sentido débito-crédito, elas implicam não ter prejuízos afetivos, sacrifícios de trabalho útil, desgastes relacionais nem desperdício de vantagens recebidas. Nelas prevalece o "ganha-ganha".

Pela vida, uma pessoa na família passa por vários estágios de trocas afetivas, que vou abordar neste capítulo, focando os seus aspectos educativos.

O grande capital a ser computado é a formação da auto-estima e a construção do caráter da personalidade.

2. AMOR DADIVOSO, ENTRE PAIS E FILHO BEBÊ

A amamentação no início da vida é mais doação que troca. O bebê funciona mais por determinação genética que pela vontade própria. Cabe à mãe conseguir fazer a leitura adequada das necessidades do bebê e atendê-lo. A mãe funciona como um ego-auxiliar do bebê, que necessita totalmente dela.

Quanto melhor a mãe fizer a leitura do que o bebê precisa, mais satisfeito ele fica. Nessa etapa, o que demonstra sua saciedade é a sua tranqüilidade. Equivale a dizer que ele está feliz. Nada gratifica mais uma mãe que ver seu filho feliz.

É o **amor dadivoso**, que faz tudo pelo e para o bebê.

Esse amor dadivoso é natural na **maternagem**, porque traz traços biopsicossociais. A mulher tem preparo biológico para ser mãe.

Na **paternagem**, o homem tem que desenvolver esse amor dadivoso, pois não há preparo biológico para ser pai. Mas atualmente os homens estão se preparando mais afetiva, familiar e socialmente para exercerem a paternagem.

3. AMOR QUE ENSINA, ENTRE PAIS E FILHO CRIANÇA

Criança precisa de adulto responsável à sua volta. Agora os pais funcionam como consciência familiar e social. A criança já identifica o que quer, mas são os pais que ensinam, ou não, a adequação do seu querer. Portanto, mais que somente dar, está na hora de ensinar.

O aprender dá segurança e os primórdios da independência ao filho que pode começar a contar consigo próprio. É aqui que os pais começam a ensinar como é bom o aprender a aprender, através de agrados, estímulos e reforços.

O amor dadivoso é tão prazeroso que muitos pais o mantêm por muito tempo, mesmo quando não é mais necessário, portanto, tornando-se inadequado. É tão gostoso para os filhos receberem tudo de mão beijada, sem nada ter que fazer...

Uma criança que nada faz não aprende. O que transforma as informações em conhecimento é a prática, o fazer. Esse é um dos motivos pelos quais uma criança precisa mais fazer que ouvir repetidas vezes.

É mais importante dar uma dica para a criança se lembrar do aprendido do que ficar ensinando tudo novamente. Ensinar repetidas vezes cansa o cérebro, enche a paciência, e o relacionamento fica complicado.

Depois das dicas, basta um dedo, um levantar de sobrancelhas para a criança lembrar "do que estava esquecendo".

Se a criança descobre o como fazer (*know-how*), fica mais fácil ensinar o quando, onde e por quê.

Porque fazendo ele descobre o funcionamento de tudo e adquire um know-how (saber como) que lhe pertence. O conhecimento dá poder, dá independência e alimenta a auto-estima.

Ensinar uma criança a aprender é uma das maiores lições de vida que os pais podem passar aos seus filhos. Nada impede que a criança aprenda sozinha, mas ela vai saber fazer muito melhor se fizer sozinha depois que aprender o básico.

Ensinar algo exatamente no momento em que ela busca a resposta é o momento ideal do aprendizado. Tentar ensinar fora de tempo é desperdício de esforço dos pais e desgaste do filho para o aprendizado.

Assim que pergunta, uma criança aguarda um tempo para ouvir uma resposta. É o **momento sagrado do aprendizado**. Em seguida, rapidinho, vem o tempo de querer fazer sozinha...

Os pais têm que estar atentos para perceberem quando é chegado o momento sagrado do aprendizado, porque a criança pára com a atividade motora, o rosto fica meio parado, olhos vivos, e quase que se percebe o cérebro em plena atividade...

É tempo de semear também os ensinamentos que os pais queiram que seus filhos aprendam, incluindo os valores superiores (gratidão, religiosidade, disciplina, ética, cidadania, etc.)

O ensinar é um amor bem próximo do dadivoso, pois o mestre sente-se gratificado pelo que conseguiu passar para o seu aprendiz. Assim também os pais que se sentem realizados quando seus filhos são educados.

A criança precisa do **amor que ensina**, pois ela nasceu somente com seus instintos e um imenso potencial de apreender e aprender o que existe à sua volta.

O amor que ensina é um investimento afetivo e material para um bem viver futuro do filho.

Os pais líderes educadores, quando proíbem, mostram as causas da proibição, fazendo a criança "ver" os perigos. Logo a seguir, já apresentam à criança novos caminhos alternativos, éticos e permitidos, ou estimulam a buscá-los.

É fundamental que se aplique o **Princípio Educacional da Coerência, Constância e Conseqüência** nesse amor que ensina.

Apesar de o amor que ensina ser direcionado para as crianças, sempre é tempo de ensinar alguém disposto a aprender. O interessante é que quanto mais se sabe, mais se quer aprender. E quanto mais se aprende, mais se quer ensinar...

4. AMOR QUE EXIGE, ENTRE PAIS E CRIANÇAS CRESCIDAS

Se sabem, por que os filhos não fazem?

Porque têm permissão, velada ou declarada, para não fazer, já que mesmo que não façam não há conseqüências a arcar.

O que os pais ensinam penetra na criança como informação que, quando entra em ação, é que pode se transformar em conhecimento. Este se consagra pela prática, pelo uso, pela realização da informação, pois conhecimento é a informação em ação.

Quando uma criança faz, ela pode descobrir novos caminhos, buscar outros resultados.

A própria ação leva a criança a descobrir um saber inerente ao ato. Os pais ensinam o filho a guardar o brinquedo após brincar com ele. Ele apreendeu essa informação. Somente quando ele guarda o brinquedo é que essa informação se transforma em conhecimento.

É por isso que faz parte da educação progressiva o ter que guardar. Muitas vezes a criança tem uma inibição inicial, uma espécie de vergonha de guardar porque de fato nunca o fez.

Se a criança não superar essa inibição, vai se tornando cada vez mais difícil realizar a ação.

Por tudo isso os pais deveriam estimular a criança a guardar ela mesma o brinquedo. Caso o estímulo não seja atendido, passa-se à exigência.

Para os pais que querem proporcionar tudo de graça aos filhos, não é fácil exigir que eles guardem os próprios brinquedos. Quem obtém de graça não se desenvolve.

5. NEGOCIAÇÃO ENTRE PAIS E GERAÇÃO TWEEN

Geração tween é uma geração nova, criada pelo *marketing* para definir um mercado consumidor específico de crianças de 7 a 12 anos de idade. São crianças pela idade biológica, mas são consumidores de artigos de adolescentes como tênis, roupas, bonés, telefone celular, joguinhos eletrônicos, computador, blogs, Internet, etc.

Seus pais acham-nas crianças abusadas, precoces, sem limites, sem noção, etc., e ficam admirados pelos seus avanços comportamentais, mas também ficam revoltados pelos gastos.

É uma geração altamente consumidora constituída de filhos únicos ou tendo no máximo um irmão. Se quiserem atender todos os pedidos dessa geração, os pais, juntando os seus ganhos, não seriam capazes de arcarem com os seus gastos.

São inteligentes e rápidos no raciocínio e freqüentemente precoces nos costumes. Querem comprar tudo o que surge e do modelo mais completo.

No desenvolvimento biopsicossocial da adolescência, os tweens englobam a etapa da confusão pubertária e final da infância. É nessa etapa pubertária que começam as modificações pubertárias hormonais e tem início a formação do pensamento abstrato.

As grandes questões que surgem são:

- o que os tweens querem comprar é essencial ou supérfluo?
- se os pais têm condições financeiras, prejudica ou não o comprar tudo o que os tweens querem?

- se os pais não podem comprar, porque o orçamento é apertado, devem fazer sacrifícios em outras áreas para satisfazer os tweens?
- os pais devem deixá-los fazer o que quiserem?
- os tweens já podem sair sozinhos à noite?

Ainda não existem estudos com acompanhamentos de vários anos para se saber como cada tween evoluiu com o que lhe aconteceu. Mas algumas questões estão claras em relação à adequação, conforme minha experiência clínica.

Se uma família vive num orçamento apertado, vale a pena fazer um balanço financeiro com os custos de cada item essencial para a sobrevivência, incluindo o objeto do desejo do tween. Todos podem pensar juntos se o custo de um par de tênis ou de um celular compensa o sacrifício em outras áreas.

Dessa maneira, os tweens têm a oportunidade de avaliar seus gastos para o contexto específico da sua família.

Numa família com folga financeira, os pais ficam constrangidos em não dar ao seu filho único o que ele lhes pede. É uma excelente oportunidade para a negociação. Os tweens são muito vivos e criativos, portanto, capazes de transformar objetos supérfluos em essenciais.

Pais consumidores também precisariam negociar seus próprios desejos para educar seus filhos. Os filhos aprendem muito imitando seus pais.

Um dos recursos utilizados para os filhos otimizarem suas compras é que os pais estudem com eles todas as propriedades do objeto do desejo. Conforme o uso deve ser a compra, e não escolher o objeto mais avançado, se ele tem funções que jamais serão usadas. Hoje um celular é um minicomputador e organizador, pois tem agenda, calculadora, despertador, MSN (messenger), e-mail, notícias diárias, GPS, máquina fotográfica, etc. Na maioria das vezes, uma função a mais não justifica a troca do aparelho, pois esta pode não ser usada, o que seria um desperdício.

Se a família vive com altos e baixos financeiros, seria bom se nas negociações entre pais e filho tween essa variável fosse incluída. Não se pode entrar em prestações quando a família está com caixa alta, pois como pagá-las quando o caixa abaixar?

6. NEGOCIAÇÕES E PROIBIÇÕES

Quanto aos comportamentos e costumes dos tweens, é bom os pais ficarem atentos. Eles querem acompanhar parentes e amigos de mais idade nos programas noturnos, "ficar" com as garotas tweens, e vice-versa, ficar até tarde no computador e passar uma noite em claro. Mesmo que nada façam, é uma glória para eles.

O que se percebe é a falta de interesse em programas próprios para suas idades como se eles já estivessem na adolescência. É como se o tween dissesse: "se eu me vestir e comportar como adolescente, sou adolescente". É nessa etapa que odeia ser chamado de criança, mas ainda não chegou à adolescência. Os pais não têm que pagar por essa inconformidade dele.

Mesmo que ainda não apresente grandes prejuízos como não conseguir acordar para ir à escola, dormir em classe, prejudicar os estudos, não fazer as tarefas escolares, não conseguir sair dos joguinhos e/ou da Internet para tomarem refeições juntos, etc., é bom ficar muito atentos às pequenas mudanças.

Todas as grandes alterações comportamentais começam pequeninas até ficarem evidentes e prejudiciais. Corrigir o que já se modificou é muito mais difícil do que mudar o que está se alterando.

Nem sempre as correções significam negociações, pois um tween pode inventar uma novidade de acampar num final de semana com seus amigos na praia. Uma criança, mesmo tween, não pode viajar sozinha, portanto, os pais não devem permitir que o faça.

Diante da proibição, o tween quer negociar seu final de semana na praia. Ou isso ou ir à noite a uma balada com amigos. Nada feito. Não há o que negociar. É uma proibição sobre uma invenção, não sobre algo já combinado.

Isso me remete à situação de um "espertinho" que chega ao pai e lhe pede 1.000 reais emprestados. O pai diz que não tem esse dinheiro e o filho diz: "Está bom, pai. Fica me devendo". Dias depois o filho vem cobrar a dívida de 1.000 reais do pai. Mas quem determinou que o pai ficou devendo por não ter o que emprestar? Os "espertinhos" são rápidos e deixam a ética de lado.

O principal motivo dessas proibições deve-se ao fato de que o cérebro do tween biologicamente ainda é de criança e ele, emocionalmente, também é infantil, portanto, sem condições biológicas, psicológicas e sociais para arcar com a responsabilidade do que lhe acontecer, mesmo que os pais e o próprio tween queiram.

Há dez anos, o jovem começava a fumar maconha com 15 anos de idade. Há cinco anos, com 12 anos de idade, e atualmente, com 10 anos de idade. As pessoas que se iniciam na maconha com essa idade são as que saem sozinhas, ficam mais tempo fora de casa sem dar notícias, participam de "luaus" em praias, etc.

Os tweens e os púberes que têm adultos por perto conservam-se mais tempo longe das drogas. Um dos métodos eficazes para proteger crianças é tê-las às voltas com adultos responsáveis. Se não ficam sozinhos em casa, não têm por que saírem sozinhos de casa.

7. AMOR QUE EXIGE E NEGOCIAÇÕES ENTRE PAIS E FILHO ADOLESCENTE

É na adolescência que a negociação ganha uma força especial por causa da **autonomia comportamental.** Da dependência infantil nasce o adolescente para uma vida nova cujo referencial passa a ser ele próprio.

É a manifestação saudável da individualização, uma espécie de separação mental e física dos pais. Agora o adolescente está atrás da sua identidade social.

Como a maioria dos seus desejos agora está mais voltada para o seu próprio eu, ele precisa aprender a negociar suas vontades com as da família.

O confronto maior sem dúvida é com os pais, pois os irmãos, cada qual vai ter que se readaptar com um "novo irmão", surgindo novos campos de negociações.

Quando surge um impasse, a presença de um negociador auxiliar é importante, principalmente para acalmar os ânimos, para que eles possam encontrar soluções negociadas, éticas e progressivas, pois situações muito simples podem acabar até em brigas físicas.

Os pais não podem negociar o amor dadivoso, pois ele não depende de quem o recebe, mas de quem o sente. Porém não é porque existe o amor dadivoso que a negociação pode ficar de lado. Ele se torna inadequado quando é preciso ensinar e não simplesmente dar. Mais inadequado fica quando o filho não faz o que já aprendeu.

É preciso que o adolescente produza também em casa, com os seus pais, o que ele tem que produzir na sociedade, com amigos, professores, outros estranhos.

É um **amor exigente**, que cobra agradecimento e correspondência do que o adolescente recebe dos pais mais comprometimento e responsabilidade com o que fala e faz.

Com o adolescente combinam-se os resultados e as conseqüências. Quem falhar com o combinado, pais ou adolescente, que arque com as conseqüências já contratadas. Faz parte do amadurecimento o princípio da coerência, constância e conseqüência.

Um adolescente tirano em casa e solícito fora de casa é um mau negociador, resultado de uma má educação. Os pais, ele os submete; aos amigos, ele se submete.

Os pais não deveriam aceitar a **tirania juvenil**, pois ninguém pode ser tirano na sociedade. Isso é um princípio educativo fundamental.

Existe certa dose de egoísmo no adolescente que se lança pela vida afora. O que não deveria acontecer é o **euísmo**, e se acontecer não deveria ser aceito.

O euísmo é uma sutileza do egoísmo, no qual o adolescente se sente desamado por alguém quando não atendido nos seus desejos egoístas. Portanto, o "euísta" precisa de um "outroísta", uma outra pessoa que o coloque acima de tudo e de si mesmo. É o **outroísmo** que confirma a existência do euísmo.

O outroísmo é uma sutileza do altruísta, um amor que "poupa" um filho do que ele mesmo tem que fazer, num gesto de filantropia e abnegação de si mesmo. Mais prejudica que ajuda o adolescente.

8. NEGOCIAÇÃO DOENTIA, ASSÉDIO MORAL FAMILIAR

O **assédio** ocorre dentro da família no campo moral (**assédio moral familiar**), sendo o assediador na maioria das vezes o adolescente que tem como assediados os próprios pais. Pode ocorrer o inverso.

Tárcio é um rapaz de 19 anos que ganhou um carro há um ano, quando entrou na faculdade. Bom aluno, querido pelos avós e tios, é cortês, mas calado.

Seus pais já não sabem o que fazer com ele porque dentro de casa se transforma em tirano, impõe todas as suas vontades, não aceita ser contrariado, grita com eles, ofende e agride por motivos irrelevantes, faz seu prato e vai comer no quarto, não cumprimenta e passa direto pelos pais como se eles não existissem. Tárcio sempre diz que vai acabar com eles e ficar com tudo, pois não agüenta mais a presença deles e diz que eles deviam se suicidar.

Para os avós reclama que os pais o maltratam, que os pais o rejeitam, que qualquer dia ainda foge de casa.

Segundo os pais, tudo começou quando ele entrou na faculdade e ganhou um carro. Mas a mãe já percebia as mudanças quando ele entrou para o colegial, quando começou a ficar arrogante, respondão, e a dizer que seus pais "estavam por fora e o que eles diziam não tinha nada a ver".

Filho único, Tárcio sempre teve tudo o que quis e ainda ganhava dos avós sem nada pedir. Nunca trouxe um amigo para casa e também nunca disse aonde ia.

Os pais já tentaram cortar a mesada, mas ele não é de gastar, e o pouco que precisa seus avós lhe arrumam. Cortar saídas não o atinge, pois quase não sai nem do quarto. Não existe possibilidade de conversar. Não diz o que precisa e o que diz é que quer que seus pais morram.

Os pais, apesar de serem pais, sentem-se mais fracos que o filho, que se sente forte justamente pela impotência deles. Eles não contam para ninguém com receio de expor o filho e de vergonha pelo que estão passando. Para os pais, mesmo com tudo isso, o filho está acima de tudo e de todos.

Tárcio estava em plena onipotência juvenil. Com sua entrada na faculdade sua onipotência se confirmou, porque superou uma grande barreira, que é o vestibular. Todo onipotente piora quando tem um carro, porque seu poder social aumenta.

Os pais de Tárcio sempre viveram em função do filho e sempre prevaleceu o amor dadivoso sobre o amor que ensina. Sequer pensaram no amor exigente.

Para Tárcio, seus pais eram os obstáculos para sua realização pessoal. A única exigência dos pais era que o filho fosse bem na escola. Ir bem na escola, nunca repetir, nunca ter levado um bilhete de advertência para casa não eram motivos suficientes para Tárcio sentir-se com autonomia comportamental. Para ele, esses pedidos representavam que ainda era uma criança que devia agradar os pais e não um adolescente com vontade própria.

Os pais sentem-se mais fracos que o filho, que se sente forte justamente pela impotência deles. Eles não se abrem com ninguém, com receio de expor o filho e de vergonha da situação. O filho está acima de tudo e de todos.

Uma terapia talvez pudesse ajudar se ainda estivesse na etapa da tirania. Mas quando chega a ser assédio moral familiar, além da terapia, muito necessária, é preciso uma estratégia particular de enfrentamento.

Em todo tipo de assédio, o assediador se aproveita do silêncio da vítima. Dessa maneira, o assediador se sente protegido e estimulado a continuar o assédio, já que a vítima, além de não conseguir reagir, não conta a ninguém.

É por isso que uma das defesas da vítima de maior eficiência é começar a falar com as pessoas relacionadas à família tudo o que está acontecendo.

Abrindo o jogo geralmente o assediador se recolhe, mostrando como ele se torna grande para quem se encolhe, e não enfrenta quem o enfrenta. Fica assim evidente a sua covardia e falta de ética.

Enquanto os ânimos estiverem fervendo em casa, é bom que o assediador durma na casa dos avós. Os avós também têm que falar com ele sobre o assédio.

Tárcio já havia dito aos avós que os pais o estavam tratando muito mal e que num dia qualquer ele sairia de casa.

O assediador geralmente nada fala do seu assédio para ninguém. Mas se fala é para fazer os outros entenderem que a vítima é ele.

9. NEGOCIAÇÃO INTERROMPIDA

Orientei os pais que eles deviam "abrir o jogo do Tárcio" para os avós dele. Eles relutaram muito antes de fazê-lo pelo simples motivo de não querer expor o filho à "língua alheia". Em nome de protegê-lo, tudo era suportado pelos pais. Os pais, mesmo sendo violentados pelo filho, ainda queriam protegê-lo. Como negociar com um filho que em nada se preocupa com eles e pelo contrário agride-os como se fossem inimigos mortais?

Ficou claro para todos qual é a negociação existente naquele jogo. Tárcio podia fazer tudo contra os pais porque sabia que os pais não iriam reagir. Ou seja, a negociação do "só ele ganha e os pais perdem".

Com a não reação dos pais, a negociação vigente era: "para mim, tudo e para eles, nada". Mas ninguém saudável agüentaria uma situação dessas em silêncio.

Por que os pais estavam agüentando? Porque havia uma recompensa não saudável: a preservação da imagem do filho perante os outros. Os pais acreditavam que não reagindo estavam protegendo a reputação do filho.

Abrindo o "jogo do Tárcio" para os seus avós, os pais estariam quebrando alguns importantes mecanismos de manutenção do assédio:

- o uso do silêncio da vítima para continuar o assédio;
- a tentativa dos pais mostrarem um filho melhor do que ele está sendo;
- a responsabilidade por tudo o que filho faz;
- a existência inadequada do amor dadivoso dos pais;
- a sensação de impunidade do assediador;
- os pais teriam por onde começar para sair das sensações de perdidos e impotentes nas quais estavam mergulhados.

Quando o assediador sente-se ameaçado de perder o controle da situação, ele pode piorar um pouco só para assustar mais ainda na tentativa de submeter os pais outra vez.

Mas se o assediador descobre que seu jogo já não mais vai surtir efeito, portanto, vai ter que interrompê-lo, ele mostra toda a sua fragilidade, que estava escondida sob essa arrogância, prepotência e onipotência de assediador. Está na hora de começar uma psicoterapia para recuperar os estragos que ele próprio provocou na sua personalidade.

10. NEGOCIAÇÃO ENTRE PAIS E GERAÇÃO CARONA

Finalmente o filho conclui o terceiro grau. Já tem diploma universitário. Mas tem emprego?

A grande maioria continua estudando para ter competência para lutar e agarrar qualquer oportunidade de trabalho.

Enquanto não consegue trabalho, onde fica esse adulto-jovem?

É mais uma etapa pela qual muitos estão passando. Eles compõem a **geração carona**.

A geração carona está sentada sobre as suas malas prontas na estrada da vida à espera da oportunidade de trabalho que a leve para a independência financeira. Enquanto espera, vive de carona na casa dos pais. O carona especifica a transitoriedade dessa situação.

Existem vários tipos de caronistas: folgado, explorador, sufocado e adequado. Conforme o tipo será a negociação. Veja mais detalhes no capítulo 6 da parte 3: *O terceiro parto.*

A maioria dos caronistas pouco muda no seu modo de ser e permanece com o seu perfil juvenil. Mas há caronistas que amadurecem e tornam-se mais adequados à situação, o que favorece inclusive as suas colocações no mercado de trabalho.

11. AMOR MADURO ENTRE PAIS E FILHO ADULTO

É quando o filho atinge a autonomia comportamental e a independência financeira. Os pais e o filho mantêm uma excelente convivência porque se amam. Um atende o outro numa negociação na qual não se medem débitos nem créditos, porque é uma troca, a prática da felicidade. Um está interessado, mesmo que custe um pouco de esforço, na felicidade do outro.

Ambos formam uma unidade funcional sem perder as individualidades.

O **amor maduro** entre pais e filhos é uma dedicação mútua em que o companheirismo adulto torna-os parceiros compartilhantes na vida e a felicidade está na união e no servir e ser servido, num forte vínculo afetivo entre eles.

12. AMOR DE RETRIBUIÇÃO ENTRE PAIS SENIS E FILHO ADULTO

Há pessoas que envelhecem mantendo uma lucidez invejável. Mas nem todos têm esse destino e, quanto mais acometidos pela senilidade, menos capazes se tornam, passando a depender cada vez mais de outras pessoas.

Se eles tiveram filhos, os filhos é que se encarregarão de cuidar deles. Quanto mais afetados, menos os pais senis conseguirão comunicar suas necessidades, voltando a funcionar cada vez mais como bebês.

Se os pais foram bons egos auxiliares, e negociaram bem as etapas dos amores dadivosos, dos ensinamentos, das exigências e das trocas com o seu filho, agora esse filho estará em condições de retribuir tudo o que recebeu, num momento em que mais eles precisam.

É o **amor de retribuição**, de gratidão aos pais, sem considerar os esforços e/ou custos nem nada exigir de volta, porque sem dúvida merecem esses cuidados e muito amor.

CAPÍTULO 4

Pais que não têm tempo

Que o tempo nada mais é do que
perecível e irrecuperável, mas não recarregável,
disponível e generoso, mas cruel,
apressado e vagaroso, mas não controlável,
previsível e inexorável, mas não represável,
leve, mas profundo aos abraçados,
moroso e agoniado aos amantes distantes,
pesado e lento aos deprimidos,
inexistente aos missionários,
valorizado por uns e
desdenhado por outros...

Há pais que, apesar de terem tempo,
não conseguem "tempo para os filhos",
mas a maioria dos pais "sem tempo para nada"
ainda consegue fazer um tempo para os filhos.

Nós fazemos o nosso tempo!

IÇAMI TIBA

1. PAI SEM TEMPO PARA BRINCAR

Atualmente, pais e mães trabalham muito e acabam ficando a maior parte do tempo fora de casa. Não encontrando outras saídas, sacrificam um tempo que eles gostariam de passar com os filhos.

O pai lamenta esse tempo curto, sabe que tem a obrigação de trabalhar, e que esse trabalho é por uma boa causa e pronto.

Esse entendimento masculino tem como forte ingrediente a biologia masculina. O cérebro masculino resolve um problema de cada vez. Não fica pensando em dois problemas ao mesmo tempo.

Pela lei da Seleção Natural de Darwin, o homem (sexo masculino) aperfeiçoou tão bem as características de caçador, que mesmo hoje, quando trabalha em casa ou no escritório, muito longe das jurássicas feras, parece que ainda está caçando.

Somos todos descendentes dos homens mais fortes, espertos, astutos, inteligentes e adaptáveis que aquelas feras.

O tempo desses ancestrais era gasto muito mais para caçar e para outras manifestações machistas do que cuidar das criancinhas. Não lembra um pouco os homens que vivem para o trabalho?

Hoje o homem é responsável por trazer dinheiro para casa. Mas não o faz sozinho, pois a sua companheira também vai à caça. Às vezes, a caça que a mulher traz é até maior que a dele. Mas, ainda assim, ele tem os resquícios machistas dentro de si.

Diz a evolução que os filhos são do casal. Apesar de existir a divisão das funções entre homem e mulher na convivência com os filhos, ambos têm responsabilidade na educação deles.

Começou timidamente o movimento do pai de assistir ao parto do filho, de querer cuidar do filho pequeno, de sair com os braços nos ombros do filho adolescente, de receber o braço do adulto-jovem nos seus ombros... Hoje o pai reivindica o seu direito de continuar pai mesmo depois de separado da mãe. Os juízes estão concedendo em número cada vez maior a guarda compartilhada dos filhos.

Os filhos não são propriedade de nenhum dos pais. Eles continuam filhos e os vínculos pai-filhos e mãe-filhos teriam que permanecer, pois filhos são para sempre, mesmo que os pais deixem de ser cônjuges.

Felizes são o pai-homem e filhos que podem fazer parcerias nos negócios e nos esportes, vivendo o dia-a-dia numa harmoniosa relação horizontal em que o prover não significa poder sobre o filho e nem o depender significa ser inferior.

Existem assuntos e interesses que os adolescentes não se sentem bem em conversar com a mãe, mas querem "trocar idéias" com o pai. É freqüente o filho agredir o pai porque sente a sua falta.

2. MÃE SEM DIREITO DE SER MULHER

A mãe sempre soube quem eram seus filhos. O pai, nem sempre: esse conhecimento só foi adquirido há 12 mil anos, quando as pessoas se fixaram mais à terra e começaram a agricultura.

A maternidade biológica praticamente não mudou nesses milênios todos. O papel da mãe evoluiu bastante, mas ainda traz muitos sofrimentos, mesmo que compensados ocasionalmente por muitas alegrias.

A espécie humana não nasce pronta como as tartarugas. Os humanos levam muito tempo para amadurecer e sair pelo mundo afora sem depender dos pais. Se as mães não tivessem protegido seus filhos, mesmo pondo em risco as suas próprias vidas, talvez eu não estivesse escrevendo aqui nem você estaria lendo, pois teria acabado a nossa espécie.

Acredito que os bebês humanos deveriam ser "carninhas muito tenras" para as feras comerem, indefesos contra seus ataques, inofensivos porque não tinham dentes, tampouco unhas, para se defenderem, presas fáceis porque ficavam ali paradinhos e talvez gritando, despertando o apetite das feras famintas... Até hoje, na África, leões que já comeram carne humana sempre que possível preferem abater o humano, que é o mais indefeso naturalmente.

É praticamente impossível controlar as crianças o tempo todo. A mãe passou a usar a conversa para controlar seus filhos. "Onde você está?", "Com quem?", "O que você está fazendo?", "Já comeu?", "Já fez as lições?" são perguntas que os filhos estão esgotados de saber que suas mães sempre fazem, seja onde e como for, em casa ou na rua, pessoal ou virtualmente. Enquanto conversa com um, cuida de outro, ainda prepara um bolo ou responde um e-mail. Poderia ainda atender um telefonema.

O cérebro feminino, com os dois hemisférios cerebrais conectados, funciona como polvo, e cada um dos tentáculos é uma atividade diferente. O masculino, com hemisférios separados, funciona como cobra: uma única atividade de cada vez.

A mãe com tantas atividades simultâneas historicamente foi e ainda é uma polivalente contumaz. É um sofisticado estilo de onipotência e onipresença que a sacrifica. Mesmo trabalhando fora de casa, ela ainda se sente culpada por não estar com os filhos.

Um filho é sempre diferente do outro. A um filho pode faltar o que ao outro sobra, desde agressividade, auto-estima, disciplina, amigos, desempenho escolar, até religiosidade.

Um mesmo filho pode estar mais, ou menos, vulnerável conforme a etapa de desenvolvimento que esteja passando.

Seja qual for o motivo da ausência, a mãe geralmente sente a mesma culpa de não estar com os filhos. É uma **culpa jurássica de mãe**, que praticamente independe dos filhos. A mãe crê que ela esteja falhando na educação dos filhos por não estar presente.

Se a adolescência é um segundo parto, um nascer para o social em busca de autonomia comportamental, é até bom que a mãe se ocupe com alguma atividade para não querer ficar laçando o seu adolescente com o cordão umbilical.

Ambos, pai e mãe, têm que encontrar um caminho novo para o relacionamento pais/filhos, já que o tempo ficou muito curto para tantas atividades.

Com os jovens, não é difícil otimizar o tempo de convivência, pois os próprios jovens não têm tempo para ficar com os pais. É até compreensível que eles prefiram os amigos, pois os filhos têm que formar sua própria rede (network) de relacionamentos.

Se a presença física está difícil, além dos bilhetes e telefonemas, é bom aproveitar a tecnologia dominada pelos jovens de mandar torpedos, usar e-mails, MSN, etc. Marcar presença nem sempre tem que ser demorado, muito conversado e bem elaborado. O pai e a mãe têm mais é que acompanhar os filhos, torcer por eles, ajudá-los quando precisarem de socorro (desde que peçam, é claro), querer saber dos resultados, não somente por cobrança, mas também por interesse afetivo de querer compartilhar os momentos que podem estar sendo decisivos na vida dos filhos.

3. MÃE TRABALHANDO ATENDE TELEFONEMA DO FILHO

Qualquer homem ficaria espantado se percebesse como funciona o cérebro de uma mulher (mãe) no trabalho.

Organiza o seu espaço, decora com flores e fotografias dos filhos, mesa e/ou locais de trabalho limpos, *nécessaire* de maquiagem na gaveta, etc. Enquanto se concentra na sua atividade, está atenta aos movimentos das pessoas à sua volta, talvez nem prestando "aquela" atenção às conversas colaterais, mas sem dúvida capaz de repetir tudo o que a colega falou, ainda preocupada com o andamento da casa e as atividades dos filhos.

Muitas mães já viveram a situação a seguir ou situações semelhantes:

De repente, toca o seu celular. A mãe já pressente que é o filho. Ela atende. Já sabe que ele vai se queixar de alguma coisa, pedir outra, etc. Lá vem mais um problema para ela resolver.

— O quê? Vocês brigaram? — pergunta a mãe ao ouvir a queixa do filho caçula. Em seguida dá uma ordem:

— "Põe ele" no telefone! — e dá uma bronca e um castigo ao filho mais velho.

Depois de terminado o telefonema comenta com a amiga que nem pára para ouvi-la:

— Se não fosse eu, não sei o que seria desta família — diz, em tom de quem desabafa, mas no fundo com aquela satisfação íntima de ter resolvido um problema dos filhos.

Se os filhos não telefonassem tanto para ela, talvez resolvessem sozinhos os seus problemas. Parece que tudo é como essa mãe comenta, mas vamos considerar alguns pontos:

- Será que de fato o mais velho bateu no caçula? Não seria uma invenção? Caçulas têm facilidade de verter copiosas lágrimas com o coração satisfeito por conseguir perturbar o mais velho.
- Quem falou que o mais velho vai cumprir o castigo? Não há ninguém para verificar.
- Será que o caçula agora vai apanhar de verdade? Quem mandou ele ligar para a mãe?

Cada mãe "conhece" cada filho que tem. Um pode necessitar de um controle maior, outro de um lembrete do que precisa ser feito, um terceiro pode muito bem resolver tudo sozinho. São tentativas de ajuda que podem vir como telefonemas, bilhetes colocados em pontos estratégicos previamente combinados, etc. O que mais funciona nesses tipos de ajuda-controle é a verificação, no final do dia, do que foi feito.

Caso um filho não tenha feito a sua tarefa, deve-se exigir que ele arque com as conseqüências já previamente combinadas. O que é combinado é barato e tem que ser cumprido. Perder privilégios é algo que faz com que o filho pense duas vezes antes de deixar de fazer a sua obrigação.

Devo lembrar que a vida é dura principalmente para quem é mole. Se a mãe tolerar tudo, o filho vai construir seu futuro sem fibra, frágil, com "parafusos de geléia" e na esperança de que outras pessoas também sejam tolerantes como sua mãe. Na vida, ninguém é mãe de ninguém, muito menos um chefe numa multinacional...

4. PAI TRABALHANDO ATENDE TELEFONEMA DO FILHO

A partir da Era Industrial, o pai começou a trabalhar fora de casa de maneira regular, com hora para sair e voltar para casa.

Durante o período fora de casa, o pai estava trabalhando e não podia ser incomodado, já que os filhos eram cuidados pela mãe. Mesmo que ficassem em casa, eram poucos os pais que cuidavam dos filhos.

O mundo mudou bastante, mas a mente do pai nem tanto. Há pais que ainda continuam com a mesma idéia de que os filhos somente os atrapalham nos seus trabalhos, como nas jurássicas caçadas. Mas muitos pais já abrem suas portas e dão acesso aos seus filhos.

Outros pais acompanharam a evolução social, facilitados pelas suas mulheres trabalhando fora, e começaram a dividir com elas a tarefa de cuidar dos filhos.

Ele só vê o que está na sua frente, através de um olhar em tubo que focaliza no relatório, isolando-se totalmente do barulho e bagunça à sua volta. Assim, sua mesa ou local de trabalho pode estar uma bagunça e não tem fotografias dos filhos nem flores...

Atender um telefonema pode lhe custar uma perda de concentração.

Não é raro pais passarem por esta situação:

Pai concentrado no seu foco de trabalho, de repente é surpreendido pelo toque do telefone. Enquanto estende a mão vai pensando "quem será?", "quem ficou de me telefonar neste horário?" e se surpreende quando identifica seu filho caçula choramingando ao dizer que o Fulano bateu nele.

– O quê? Ele bateu em você? O que você fez para ele?

– Não fiz nada. Só porque mexi na televisão que ele nem estava assistindo...

– Escuta! Pára de chorar enquanto fala comigo! Por acaso, alguém morreu? –pergunta o pai, já irritado por ter sido interrompido no seu trabalho por uma briga de filhos. Isso é demais...

– Ainda não - responde o caçula, constrangido.

– Então, liga para a sua mãe! – ordena, e assim encerra o assunto, para continuar concentrado no trabalho que estava fazendo. Chegando em casa, nem vai se lembrar de contar para a esposa sobre esse episódio.

O pai funciona de modo muito diferente da mãe, porque ele resolve um assunto de cada vez. Primeiro quer saber de tudo, principalmente quem começou a briga.

Acompanhando o raciocínio da pergunta "alguém morreu?", conclui-se que o homem vai direto ao ponto. Isto é, quem apanha é o que liga. Se este morre, não há quem ligue. Também se pode entender que o pai só pode ser incomodado em caso de morte.

Se não houve morte, o caso é leve, a mãe resolve...

Tão simples como lidar somente com um tentáculo, como se fosse uma cobra.

O pai atual não se sente bem se furtando dos chamados dos filhos. Já que não tem como resolver naquela hora, o pai poderia dizer para pararem com a briga e quando ele voltasse para casa, poderiam todos resolver civilizadamente essa pendência.

Dessa maneira, os filhos exercitariam alguns das mais importantes aprendizados da vida: em vez de quererem tudo na hora, aprenderiam a controlar o imediatismo, a saber esperar, a serem tolerantes e a viverem em ocasionais condições adversas.

5. TEMPO VIRTUAL

Pais e filhos adolescentes têm que encontrar meios de comunicação mais eficientes, atuais e prazerosos.

Como os adolescentes se comunicam entre si quando não se encontram pessoalmente? Se você pensou nos encontros ou conversas virtuais, acertou!

Um adolescente pode passar bastante tempo fechado, até mesmo trancado no seu quarto, mas raramente está sozinho. Está a conversar com "amigos" conhecidos e desconhecidos pelas esquinas virtuais da Internet via ICQ, MSN, Orkut...

Todo adolescente sente prazer ao receber um "torpedo", como se fosse o antigo telegrama, no seu celular. São mensagens curtas que chegam à telinha do celular e que podem ser lidas a qualquer momento. O celular avisa quando uma mensagem chega.

Outro meio, um pouco mais sofisticado, mas que também funciona muito bem, é o e-mail, o **correio eletrônico**. Pode ter o mesmo uso do torpedo, só que é feito pelo computador, usando a Internet. Pode ser bem mais longa a mensagem como uma carta com fotos e gráficos. Esse sistema já é utilizado com muita freqüência e eficiência até por empresas multinacionais que trabalham globalizadas em tempo real.

O que é interessante no correio eletrônico é que se pode passar com um toque um e-mail para todo o grupo familiar, isto é, todos os familiares recebem nos seus computadores, estejam onde estiverem, em qualquer canto deste planeta, uma mesma mensagem, na mesma hora.

Assim, as famílias podem tirar vantagens comunicacionais dos avanços tecnológicos para melhorarem a convivência entre si e estarem mais informados uns sobre os outros, acompanhando de perto o que acontece na vida e nos sonhos de cada um.

6. FILHO ACOMPANHANDO UM DIA DE TRABALHO DO PAI E/OU DA MÃE

A grande mágoa do filho é que o pai toca a empresa da família paterna como se fosse um "burro de carga" durante a semana e "desmaia" no final de semana. Os irmãos do pai também trabalham na empresa, mas parece que eles vivem passeando pelo mundo e é só o pai que trabalha. Ele vive estressado, sem tempo para a própria família, nem sabe o que está acontecendo com seu filho. Se o filho tenta puxar uma conversa, ele diz que está cansado e quer que o filho "vá direto ao assunto, falando logo o que quer". O filho, mesmo sabendo ser tão querido por ele, está se afastando cada vez mais do pai e se chegando mais aos amigos da rua.

O que esse e tantos outros pais que vivem esta situação podem fazer para melhorar a qualidade de vida da família e reconquistar o filho?

Está claro que o pai se escravizou por um sistema porque não vê outra saída. O que não pode é ele se conformar com essa situação e sacrificar a família. Mesmo que ele suporte, o que pode acontecer com sua família?

Atendi muitos pais nessas condições, os quais nem para sua própria saúde (médica, psíquica e social) tinham tempo. O pai tem consciência de que a família está se afogando, inclusive ele próprio. Mas não tem tempo para fazer psicoterapia, nem dinheiro, nem disposição, nem crença, nem nada... Se ele não conseguir parar nem por doença, um dia será parado pela própria doença.

Pai masculino pode não aceitar psicoterapia, mas ouve muito um consultor de empresas. Criei então a consultoria familiar. Com diagnóstico do conflito atual, buscam-se soluções viáveis e caminhos mais saudáveis para o bem estar de todos.

Por ser uma proposta de trabalho diferente de Psicoterapia Familiar, com método próprio, claros objetivos a serem atingidos (soluções práticas) e tempo de duração (quatro entrevistas) muito bem definido, a consultoria familiar é muito bem aceita pelo pai e sua família.

Após os vários atendimentos, uma conclusão viável, de rápido alcance e que trouxesse benefícios gerais a toda a família foi a de o filho acompanhar um dia comum de trabalho do pai. Acredito que esse dia possa ser muito importante na vida de todos, mesmo que o filho tenha que faltar às aulas.

Como se fosse um assistente pessoal para assuntos aleatórios, o filho acompanha o pai aonde puder, inclusive tomando o cafezinho e/ou almoçando com os colegas de trabalho.

Atividades de rua, reuniões e conversas com funcionários/empresários, almoços de negócios, etc., são excelentes para o filho acompanhar o pai. É superimportante que o pai ouça, como num pit stop, o que o filho observou, e que sugestões ele teria para dar, etc. É uma maneira de exercitar no filho a capacidade de observação e comunicação do observado e elaborado após um acontecimento. É um ensinar a pensar dentro da prática.

Muitas vezes o filho repara em algo que passou totalmente despercebido pelo próprio pai. É o pai aprendendo com o filho. Dificilmente o pai encontrará tão breve um outro meio de elevar a auto-estima do filho e de caminharem juntos, como parceiros perante a vida que terão pela frente.

Após essa vivência juntos, ambos têm "âncoras" para conversar, mesmo que seja sobre o trabalho do pai. O pai pode se referir aos episódios interessantes e/ou hilários acontecidos com os personagens que o filho já conhece. O filho, quando se lembrar do pai, já tem elementos para imaginar o que ele estaria fazendo naquela hora. Esse dia serve de alimento e base para muitas conversas que vão aproximar os familiares entre si. É o vínculo afetivo que se concretiza pelas conversas.

7. PIT STOP E SUA COMPETÊNCIA

Algumas corridas de Fórmula 1 são vencidas não somente pelos pilotos, mas nos seus pit stops. Na vida de um filho, os competentes atendimentos nos seus pit stops fazem imensa diferença na sua auto-estima, que praticamente determina se ele vai ser, ou não, um vencedor.

Pit stop é quando um filho pede algo para seus pais. Ele passa a ser educativo, quando no atendimento rápido ao filho eles têm como objetivo ajudá-lo a se tornar mais independente, auto-suficiente e competente para enfrentar a corrida da vida.

Um pai (piloto), ou mãe, que entra correndo em casa (box) para almoçar em um tempo programado e cronometrado, tem que ter tudo preparado pelo pessoal do almoço (mecânicos). Está em franco período produtivo e não pode ficar esperando lavar a salada, ou fazer o arroz... É sentar, almoçar e sair correndo... Cada minuto vale ouro.

O filho está brincando e faz um pit stop com seu pai, ou mãe. É importante que ele(a) o atenda em tempo, recurso e finalidade adequados, pois não é só o atender, mas sim o educar que importa.

O filho (piloto) não tem muito tempo, está apressado para ser atendido e sair correndo para brincar (pilotando), ir a uma balada ou encontrar os amigos. O atendimento educativo não tem idade e tem que ser muito competente. Portanto, pare, olhe nos olhos, escute, pense no melhor para a formação do filho e atenda.

No pit stop educativo, é importante a distinção entre o que o filho é capaz de fazer sozinho e aquilo em que ele precisa realmente de ajuda. E, se precisar, qual o tipo de ajuda que educa mais. O pedido pode variar desde pegar algo que ele não alcança até pedir o carro emprestado para sair com o amigo que tem carta de habilitação.

No amor que ensina, o filho tem que aprender com o pit stop. Cuidado a tomar é se o filho pede, por comodidade, o que ele mesmo tem condições de fazer. Não é porque o filho pede que os pais são obrigados a atendê-lo. No pit stop educativo, os pais têm que estar mais atentos a esse item, pois é na ação que se confirma a educação.

O pit stop educativo é uma questão de hábito, assim como é o falar, o dirigir, o comer. Para pais que não têm tempo, esse atendimento, feito com eficiência, vai ser muito útil, pois filhos bem atendidos fazem cada vez menos pit stops e não ficam parando em qualquer lugar (box) para usar algum tipo de combustível.

Os pais, ao parar para atender a um pit stop, não estão perdendo tempo. Estão investindo clara e objetivamente no **Projeto de Educação Quem Ama, Educa!** ***É um tempo para preparar a terra e plantar a semente do futuro.***

Um filho que foi bem educado, isto é, que tem o tanque cheio de auto-estima e competência, vai precisar cada vez menos tempo dos pais para atender as próprias necessidades e toda a família poderá usufruir de um convívio bom e saudável.

Para saber mais sobre pit stop, leia o item 8 do capítulo *Educação financeira.*

Parte 3
Estudo e trabalho

Estudo e trabalho

A sociedade é um complexo sistema dinâmico, conectado a outros,
no qual o ser humano é uma célula
que nasce de outras células
que precisa de outra célula,
para reproduzir muitas células...
que desaparecem,
para outras surgirem...
um milagre da vida!

Sozinha, não aprenderia tudo o que precisa, portanto, estuda;
nem sobreviveria nessa diversidade imensa, portanto, trabalha.

Estudo, alimento da alma.
Trabalho, dignidade do corpo.
Criatividade, inteligência em ação.
Ética, oxigênio do comportamento.
Saúde social, foco da integração relacional.

IÇAMI TIBA

CAPÍTULO 1

Estudar é essencial

Neste mundo que caminha a passos de gigante, não podemos andar com passos de anão.

1. TRANSFORMANDO INFORMAÇÕES EM CONHECIMENTOS

Resista bravamente se o adolescente que você tem em casa vier lhe contar a versão pós-moderna da fábula da cigarra e da formiga ou qualquer história de pessoa que venceu na vida sem estudar com a intenção de justificar o desinteresse pelas matérias escolares. Essas situações estão detalhadas no capítulo *Primeiro emprego*.

Estudo não se negocia, ele é importante não só para a capacitação e a formação pessoal, mas também para o benefício e qualidade de vida da família e da sociedade.

Mais importante do que tirar notas altas é aprender. Tirar nota alta numa escola que incentiva o "decoreba" não tem muito significado para a vida futura. Informações eram válidas para serem acumuladas na Era da Informação. Hoje estamos na Era do Conhecimento, que é a informação em ação, em uso.

O cérebro memoriza informações que têm utilidade, forte carga emocional ou por repetições. Todos os nossos cinco órgãos dos sentidos ficam bombardeando com informações o nosso cérebro a todo instante.

Seria impossível processarmos todas as informações que apreendemos. Num piscar de olhos, "percebemos o mundo" à nossa volta. O número de informações apreendidas é incomensurável, e é praticamente impossível listá-las todas.

2. APREENDEMOS PARA APRENDER

É do que apreendemos que aprendemos. O apreender é um processo natural para qualquer vivente. Não processamos mentalmente tudo o que apreendemos. Quando selecionamos uma informação e trabalhamos com ela é que usamos nossos processos mentais de aprendizado.

Estudar nada mais é que organizar esse aprendizado, focalizando o conteúdo, e não aprender solto, como os animais silvestres. Estudar é captar as informações concentradas, que representam todo o conhecimento que um autor levou muito tempo para adquirir. Aprendemos tudo isso em uma aula, em um livro...

O estudar é essencial por ganharmos tempo e usufruirmos do conforto que os inventores/descobridores e seus adaptadores/construtores/comunicadores nos propiciaram. Estudar é um gesto de sabedoria de captar os conhecimentos de tantas pessoas que participaram direta ou indiretamente da construção da nossa civilização.

É um estudar para aprender. Pois a pessoa que estiver sempre disposta a aprender é a que vai sobreviver a essas revoluções do conhecimento. Quem se achar sabedor de tudo e parar de aprender amanhã será ultrapassado por quem continuou aprendendo.

É por isso que temos que aprender sempre, fato hoje consagrado como Educação Continuada. Não existe graduação para esse estágio de aprendizado, melhor dizendo, é um aprender que nunca acaba.

Aprender é alimentar a alma de saber.

3. APRENDEMOS PARA CONHECER

Conhecimentos são ferramentas plásticas de multiuso, que podem ir sofrendo adaptações, adequações, modificações e transformações à medida que estas forem necessárias.

Informações são dados estáticos, hoje facilmente encontráveis em muitos lugares. Basta saber como acessá-las.

Um adolescente pode ter a informação de que maconha faz mal à saúde, mas continuar "canabisando". Ele pode encontrar essa informação em qualquer livro sobre drogas, na Internet, ou até em salas de aula, mas não foi integrada à vida dele.

É uma informação que fica ao lado de tantas outras informações dentro dele, paradinha, como num dicionário, não interferindo na vida dele.

Quando usa essa informação para parar de fumar maconha, o adolescente transforma aquela informação em conhecimento.

Bom aluno é o adolescente que vai construindo dentro de si os conhecimentos com as informações que recebe dos professores em sala de aula, ou quando lê os livros pertinentes à matéria. Com um conhecimento a mais que os outros da sua turma, ele pode criar uma boa solução para um problema para o qual ninguém enxergava saída. Assim, ele está sendo criativo, e criatividade é uma das qualidades muito valorizadas não só pela turma, mas por toda a sociedade.

Portanto, mais que ter as informações dentro de si, o importante é saber onde encontrá-las para usá-las. A importância maior está em ampliar os conhecimentos porque é com eles que nos tornamos mais competentes neste mundo tão competitivo.

Assim como o bebê nasce para a família, o adolescente nasce para a sociedade, onde ele vai buscar sua identidade social. A biologia o prepara dando-lhe ousadia e adrenalina. O adolescente vai ter que usar o que tem dentro de si. Seu principal recurso são os conhecimentos que leva dentro de si.

4. DE ALUNO MEDÍOCRE A PRÊMIO NOBEL DE FÍSICA

Albert Einstein (1879-1955) destacava-se somente em Matemática e Física, mas sem sinais de genialidade na escola, onde era tido como aluno medíocre. Despertou para a Matemática, aos 12 anos, estudando álgebra e geometria com seu tio Jakob. Descobriu aos 26 anos a Lei do Efeito Fotoelétrico e ganhou o Prêmio Nobel de Física de 1921. Mais tarde, fez uma das descobertas mais importantes da Física no início do século: a Teoria Geral da Relatividade. Ele revolucionou a ciência.

Einstein gostava não do que "caía nas provas escolares", e sim álgebra avançada, que foi aprender com seu tio Jakob. O que ele aprendeu e desenvolveu foi o que "caía nas provas da vida".

"Ir bem nas provas" pode dar maiores oportunidades na vida que "ir mal" nelas, mas não garante o sucesso. O que garante o sucesso na vida é estudar e aprender o que for possível sobre a escolha feita.

Para Einstein entender de álgebra e geometria, ele teve que saber antes a aritmética que aprendeu na escola. Pode ser que a escola ensine muitas matérias que uma pessoa jamais chegue a usar e o que mais interessa a ela, ensine pouco. Ainda não chegamos a um currículo pedagógico ideal.

Teoricamente o currículo pedagógico oferece uma base ampla sobre a qual pode ser construída qualquer profissão. As profissões e os campos do trabalho têm se modificado bastante. Algumas profissões acabaram, outras estão entrando em extinção, mas muitas novas estão surgindo, outras ainda se transformando.

Os estudos podem ajudar na formação e na maturação da personalidade através de aulas, leituras, pesquisas, palestras, *workshops* voltados para esse tema. Se a sua personalidade estiver bem formada e bem preparada, o adulto-jovem poderá fazer as adaptações e adequações necessárias para enfrentar um novo trabalho ou até mesmo uma profissão que ainda não existia quando ele era estudante.

5. ESTUDAR É CONSTRUIR O CORPO DO CONHECIMENTO

Estudar não é "decoreba" para fazer "provas" para passar de ano, mas é adquirir informações para transformá-las em conhecimentos para enfrentar as provas da vida. Conhecimentos melhoram a competência, a criatividade, o empreendedorismo, a cidadania e a ética.

Os conhecimentos entram também na equação da competência, como recursos internos que podem dispensar recursos materiais, propiciando maior economia financeira. Quanto maior o tempo gasto e/ou maior o recurso usado, menor é a competência.

$$\text{Competência} = \frac{\text{Resultado}}{\text{Tempo gasto} + \text{Recurso usado}}$$

Uma das características do amadurecimento de uma profissão é a sua criatividade. A criatividade vem da liberdade de brincar, rearranjar e desmontar os conhecimentos adquiridos, dando-lhes novas funções e significados. A cada movimento, os conhecimentos podem se reorganizar formando novos produtos, como um caleidoscópio.

Um empreendedor pode trabalhar com muito empenho, disciplina, ousadia, criatividade e, quando apresentar os resultados, descobrir que a roda já havia sido inventada há muito tempo... Ah! Se ele tivesse esse conhecimento...

Um adolescente pode achar que ao comprar drogas não está fazendo mal a ninguém. Isso porque ele não sabe que o dinheiro que pagou ao traficante vai para comprar armas e que estas serão usadas para matar seus concorrentes e assaltar famílias. Se soubesse disso, talvez não comprasse mais drogas, porque estaria alimentando o crime que ele mesmo condena.

6. PAIS, APRENDIZES DOS FILHOS

Enquanto os pais se deliciam nos DVDs, os filhos já estão gravando seus iPods (leia-se aipods) em que cabem nada menos que 6.000 músicas de 5 minutos cada. São 500 horas seqüenciais de música, equivalendo a 20 dias ininterruptos de música. Destas 6.000, as músicas podem ser selecionadas por cantores, preferências, conjuntos, etc. O tamanho do iPod? Menor que um maço de cigarros... São quatro alto-falantes, separados do iPod, poderosíssimos, cada um tem o tamanho de uma moeda de R$ 1,00.

Quando os pais se interessam pelos iPods, os filhos quase automaticamente querem lhes explicar como funcionam. Quando os pais não entenderem, nunca devem fingir que entenderam, nem desanimar e voltar correndo aos DVDs. A postura progressiva é desbravar esse campo, mesmo que peçam aos filhos que expliquem outra vez.

Quando os pais começarem a entender, a família ganha um novo e importantíssimo alimento para as conversas familiares. Abrem-se novos caminhos no cérebro, os quais transitam entre os neurônios, ativando as sinapses interneuronais. Os pais aprendem agora, "depois de velhos", o que os filhos sabem "faz tempo". Os pais rejuvenescem. Os filhos amadurecem.

Além de a energia boa, que une a família, fluir mais livre e rapidamente entre os familiares, os pais "ensinaram" os filhos a lhes ensinar o que sabem. Isso abre a cabeça dos filhos para aprender o que os pais também tanto querem lhes ensinar.

Se os pais e os professores são capazes de abrir suas próprias cabeças e se colocarem como aprendizes dos filhos e alunos, estes aprendem que sempre é tempo de saber algo novo. Que bela lição de vida essa que todos aprendem...

Há alguns anos, a educação escolar tinha três graus: o fundamental, o médio e o superior com suas pós-graduações. Hoje está em voga a Educação Continuada, cujo objetivo é manter-se aprendendo sempre. É clicar no teclado o atualizar que nos leva a reorganizar nossos conhecimentos com a integração de uma nova aquisição.

Quando aprendemos a clicar o atualizar, não mais conseguimos nos achar suficientes, sabedores de tudo, se temos a idéia de que surgiu algo novo que pode nos levar a um mundo que sequer desconfiávamos que existisse.

7. ENTROSAMENTO ENTRE O "VELHO" E O "NOVO"

É impressionante como o cérebro mais "envelhecido" funciona. Quando percebe alguma novidade, no lugar de pesquisá-la, ele tenta fazer o que sempre fez. É a comodidade neurológica na segurança do caminho conhecido. Ora, se as condições sociais, comunicacionais, informáticas, econômicas foram se transformando, seria natural que o cérebro também buscasse novos entrosamentos e não simplesmente ficasse repetindo o passado. Está na hora de receber uma injeção de "sangue de aventura" do jovem e tentar soluções novas, aprender uma nova língua, etc.

Nessa hora é que os pais vão ganhar o respeito e a ajuda dos filhos, que são "ousados por natureza da idade". Os onipotentes juvenis sempre acham que tudo vai dar certo. Os "velhos" sempre acham que tudo pode dar errado. Uma família fica mais unida quando consegue aproximar os extremos e não quando um tenta impor seu extremo ao outro.

Na conjunção da sabedoria do "velho" com a ousadia do "onipotente jovem" é que a família pode encontrar as delícias e aventuras da vida.

Toda família progressiva olha para o futuro próximo pensando num trabalho para o filho. Para isso, tem que saber que predomina hoje no universo empresarial a visão de que um talento como a criatividade não pode mais ser confundido com genialidade ou dom inato. Ao contrário, talentos podem ser despertados e desenvolvidos.

Esse processo de desenvolver um talento é cada vez mais incentivado, pois ele é considerado um dos principais capitais na área do conhecimento, responsável por promoções e melhores salários.

Sem dúvida, a escola tem um papel importante no desenvolvimento dos talentos de crianças, adolescentes e jovens. Infelizmente, isso nem sempre é levado em conta. Um dos grandes problemas dos pais hoje é que os filhos, sobretudo adolescentes, não querem aprender na escola. Nem os diplomas já querem tanto. Os jovens sentem na pele essa grande mudança. Se há 10 anos a grande maioria dos diplomados já estava empregada, hoje essa mesma grande maioria está é sem emprego.

Hoje, atingir a independência financeira está tão difícil para o jovem, que ouso falar em terceiro parto que o filho tem que passar para atingir a maturidade.

O filho, com diploma na mão, de malas prontas, fica de carona na casa dos pais, enquanto faz sua própria Educação Continuada, e aguarda/busca embarcar na primeira oportunidade de trabalho. Já se pode falar que existe uma Geração Carona. Falo dessa geração carona em vários outros capítulos.

Faz parte da vida dos "velhos" uma rede de relacionamentos com pessoas que estão na mesma situação deles. Hoje, a imensa maioria dos jovens consegue a primeira entrevista para o trabalho através de indicações. Currículos dos candidatos nem são mais tão vistos e muito menos analisados pelas empresas.

8. NÃO SE APRENDE COM QUEM NÃO SE RESPEITA

É preciso ter consciência da necessidade de aprender. O aprendizado não faz mal a ninguém, pelo contrário, a sua falta é muito prejudicial. Quanto mais se sabe, mais se quer aprender.

Se um aluno não respeita o conhecimento de um professor, terá menos chance de aprender do que aquele que respeita, reconhece que não sabe, e quer aprender.

Na hora do aprendizado, o aprendiz está recebendo por bem os ensinamentos do mestre, que tem disponibilidade interna e disposição externa para ajudá-lo. Gratidão e respeito deveriam ser os sentimentos do aprendiz em relação ao mestre.

É impressionante como nas escolas esse respeito ao professor está diminuindo cada vez mais e, em muitas situações, os alunos se colocam como superiores aos seus professores. É a falta de educação que vem de casa. São filhos que não respeitam os pais, pois não foram educados para respeitá-los.

Os pais perdem a autoridade inerente a qualquer educador se:

- temem traumatizar seus filhos pelas cobranças de suas obrigações;
- são acomodados, pois educar dá muito trabalho;
- são medrosos pelas reações irascíveis, impulsivas e inadequadas dos filhos;
- não lhes estabelecem limites nem lhes exigem respeito;
- delegam a educação formativa para a escola;
- são mal-educados e desrespeitosos com seus próprios funcionários;

- permitem que os filhos reinem a casa em detrimento de todos;
- desrespeitam seus empregados porque lhes pagam os salários; etc.

Esses filhos levam para a escola o que aprenderam em casa. É dessa maneira que os alunos acabam desrespeitando os professores em classe, acabam com as regras da escola, e acabam praticando a delinqüência.

A escola é a segunda etapa da educação, focada no preparo profissional.

Os pais, no lugar de reconhecerem a importância da escola na educação dos filhos e reforçá-la, acabam sendo aliados dos filhos na delinqüência.

Um aluno tem poucas condições de aprender se não respeitar sua escola e se maltratar seus professores. Não poderá ser um bom cidadão o aluno que se sentir superior ao seu professor por seu pai ter mais dinheiro que ele.

Como os pais podem delegar à escola a educação pessoal dos seus filhos? Para a escola, os alunos são transeuntes curriculares; para os pais, os filhos são para sempre.

Se o filho já transgride as regras da casa, não obedece às leis da escola, o que ele fará nos campos profissional e social?

Nenhuma casa do saber será honrada se não conseguir transmitir aos seus alunos o respeito e a gratidão aos seus professores. Estes valores deveriam vir de casa, praticados na escola para se transformar em benefício social.

CAPÍTULO 2

De olho no boletim

Os viajantes primitivos consultavam
as estrelas para se localizarem à noite.

Os pilotos consultam
painéis de controle do avião para checar o vôo.

Os médicos analisam
exames de laboratório para acompanhar o
tratamento dos seus pacientes.

Os pais têm o boletim escolar
para saber como estão os seus investimentos
nos estudos dos filhos.

IÇAMI TIBA

1. BOLETIM NÃO SE NEGLIGENCIA

É importante os pais estarem atentos às provas, conferirem os boletins da escola desde o início do ano e comentarem o resultado com o filho. O boletim é uma das referências de como eles estão se saindo nos estudos. Faz parte da vida cobrar o que se delega. O filho tem o poder de estudar. Os resultados podem ser melhores quando se cobra o boletim.

Um bom boletim não garante um bom futuro profissional, assim como um péssimo não condena seu futuro. Mas o que ele faz com os estudos é o que ele pode fazer com a vida. Estudos maçantes e professores chatos não se comparam com futuros chefes exigentes.

Nenhum profissional pode ser bom se não cumprir as suas obrigações e souber atender bem os seus clientes (patrões, sócios, parceiros, concorrentes, etc.) Com obrigações e prazos não cumpridos, perdem-se empregos, contratos, concorrências, etc.

Pais que não acompanham o boletim correm o risco de serem surpreendidos por reprovações. A repetência escolar geralmente reflete duas falências: a do próprio repetente e a dos seus pais, cujo investimento só deu prejuízo.

As possibilidades de passar de ano são muito maiores do que as de repetir. Para ser aprovado basta que se produza um pouco mais que a metade do que lhe é solicitado.

Para não ser reprovado, ainda existem várias oportunidades, tais como as R.O. (Recuperações Obrigatórias), segunda época, dependência em duas matérias; algumas escolas têm ainda as RV (Recuperações de Verão), etc. Repetir significa fracassar em tudo isso.

O que magoa e revolta os pais é a reação do filho à sua repetência com uma grande indiferença. Até parece que não foi ele que repetiu o ano. Os pais ainda se preocupam com a auto-estima do reprovado, como o filho vai olhar seus colegas aprovados, como vai ser visto pelos mais novos colegas de classe, etc.

Todos esses sofrimentos e prejuízos poderiam ser evitados caso o boletim não fosse negligenciado. É impossível que um filho bem-nascido, normal, numa escola média, não consiga recuperar um primeiro bimestre malfeito.

2. VIDA DE ESTUDANTE É MOLEZA! ... E A DO TRABALHADOR?

A vida real, longe de ser fácil, é muito dura. As escolas não estão conseguindo dar um preparo substancial aos seus alunos para que enfrentem essa fria realidade.

Os pais que já se sentaram com seus filhos adolescentes, que fizeram a conta de quantos dias letivos realmente eles freqüentaram em um ano, surpreenderam-se com esta marca: aproximadamente 200 dias. Um aluno médio pode ficar em casa quase 45% dos 365 dias do ano.

Conclusão: existe algum profissional empregado que trabalhe meio período e 200 dias por ano e receba como se tivesse trabalhado por um ano? Tudo se complica quando se lembra que no Brasil um trabalhador leva de três a quatro meses trabalhando somente para pagar os impostos ao governo.

Infelizmente o boletim, apesar de ser muito precário, ainda é um dos únicos meios da avaliação para acompanhar o desempenho do estudante. Portanto, não importam quais sejam as conversas, explicações ou desculpas dos filhos, nada deve justificar uma nota baixa e muito menos uma repetência escolar.

O reprovado profissional não tem chances das recuperações, segundas épocas, dependências. Ele é simplesmente eliminado para dar lugar a um concorrente seu. Ninguém está preocupado com sua auto-estima ou como estará no novo emprego...

Já que a escola não está conseguindo melhores resultados, que cada família busque quais os métodos que possam ser usados para forjar a personalidade do filho a ser um cidadão competente.

3. "DEIXA TUDO PARA A ÚLTIMA HORA"

Se o filho estuda só na última hora, isto é, na véspera da prova, significa que pouco ou nada estudou durante o mês. Se fizer uma analogia com o profissional, é como se ele trabalhasse somente no dia do pagamento.

O cérebro não tem condições de transformar em conhecimentos muitas informações de uma só vez. Ele tem que absorver as informações e incluí-las no corpo do conhecimento através do seu uso. Para uma informação grande ser absorvida, ela tem que ser desmontada (mastigada) em partes compreensíveis (digeríveis).

Como na véspera da prova o tempo não é suficiente para desmontar tantas informações, elas ficam encostadas no organismo por pouco tempo até serem devolvidas como entraram ou perecerem por falta de uso. É o mecanismo de ação do "decoreba", que é o estudo de última hora, na véspera da prova.

É como se o tempo de validade do "decoreba" fosse até a hora da prova, quando ele deve ser gasto. Se passar dessa hora, "vence" a validade e o estudante não mais se lembra do que decorou. Assim, tem que "engolir" o mesmo texto ou livro outra vez. É por isso que os "estudantes decoreba" ficam muito bravos quando a tal prova é adiada.

"Última-horistas" são pessoas que deixam tudo para a última hora: sair de casa; contas a pagar; entregas a fazer; estudar para a prova, etc. Começam o dia de hoje arrumando a bagunça que deixaram ontem...

A maioria dessas pessoas faz uma péssima administração do seu tempo. Como qualquer outra, essa capacidade pode e deve ser desenvolvida para melhorar a qualidade organizacional entre as múltiplas atividades que qualquer ser humano exerce.

4. DELEGAR E COBRAR

Quando o professor passa uma lição de casa, deveria cobrá-la no dia seguinte. Caso não a cobre, o adolescente também não a fará. Ou seja, um adolescente precisa de um bom retorno, se fizer a lição, e de um ruim, caso não a faça. Uma resposta única, quer o aluno faça ou deixe de fazer a lição de casa, não ressalta a diferença que existe entre fazê-la ou não. Portanto, é muito importante que pais e professores cobrem o que delegaram e apliquem devidamente as diferentes conseqüências já previamente combinadas.

O adolescente precisa ter um cobrador externo para que ele construa um cobrador interno. Depois, mesmo na ausência do cobrador externo, ele faz o que tem que fazer por cobrança do cobrador interno. Uma das grandes faltas na educação atual é a de não conseguir estabelecer dentro dos jovens um cobrador interno.

Para que um filho comece a se interessar pelos estudos e crie motivação para estudar, o primeiro ponto é conseguir que ele entenda a matéria.

Muitos adolescentes não gostam porque simplesmente não entendem nada do que o professor está falando.

Um dos melhores meios que encontrei para que os alunos acompanhem a aula foi aquele em que o professor aquece os diferentes cérebros dos alunos para receber a matéria do dia. Os clássicos professores preparam a aula e independentemente de como se encontram os alunos na classe, ele começa a aula. O fato de os alunos já estarem sentados em suas carteiras não significa que seus cérebros estejam prontos para receber a aula.

Se o professor perguntasse aos alunos: "Quem se lembra da última aula?", os alunos reagiriam: "Aula? Que aula?", "Quando?", etc. Para azar e raiva destes, sempre há um aluno que se lembra. É o aluno que presta atenção independentemente de quem seja o professor. Se um aluno disser uma palavra chave ou uma idéia, poderia ganhar um ponto.

Em torno dessa palavra básica, rapidamente os cérebros se organizam e logo outros alunos começam a se lembrar. Com cinco palavras, ou idéias, lembradas e cinco pontos distribuídos a cinco diferentes alunos, todos estão praticamente aquecidos para receber a aula de hoje. É uma forma de o professor "cobrar" o que ele ensinou na aula passada.

Os pais delegaram aos seus filhos o poder de estudar. Está claro que têm que cobrar o boletim.

CAPÍTULO 3

Educação financeira

O ser humano precisa de dinheiro para viver.
Conseguir dinheiro é uma questão de sobrevivência.
Ter mais dinheiro que o necessário é uma questão de competência.
Fazer dinheiro fazer mais dinheiro é uma questão de investimento.

Mas...

Ninguém é feliz por ser milionário.
Mas uma pessoa feliz pode ser um milionário.
Infeliz é a pessoa que sofre pelo que não tem.
Feliz é a pessoa que usufrui tudo o que tem.

IÇAMI TIBA

1. NOVOS PARADIGMAS FINANCEIROS

Dedico atenção especial à educação financeira, pois acredito que o mundo seria melhor se as pessoas fossem mais bem preparadas também financeiramente.

Os pobres conhecem as agruras e os milagres da sobrevivência. Os médios vivem num sobe e desce, mais desce do que sobe. Os ricos e milionários vivem sob o risco de perderem o que conseguiram.

Assim, "dinheiro não agüenta desaforo", isto é, se não for "bem tratado", ele se esvai. O caminho natural do dinheiro é ir para as mãos de quem sabe lidar com ele. O dinheiro vaza facilmente dos bolsos, mas ninguém o coloca, de graça, de volta à carteira de alguém...

Na ancestral família, o pai era o responsável por trazer o dinheiro para casa e a mãe o administrava, respondendo inclusive pela criação e educação dos filhos.

O novo paradigma é que pai e mãe tragam o dinheiro para casa e a mãe continue com as atribuições ancestrais do lar. Mesmo que o pai já seja mais caseiro e até troque fraldas do bebê, a mãe ainda não conseguiu abrir mão dessa maternagem.

A força física e a habilidade de caça do homem ao mamute foram substituídas pela tecnologia, principalmente do teclado. Esse teclado foi conquistado também pela mulher.

A Era da Informação evoluiu para a Era do Conhecimento. Como conhecimento não depende da força física, as mulheres disputam com os homens os mesmos postos de trabalho, antes ocupados mais por eles.

Ainda não se ensina administração financeira nas escolas, e as famílias, mesmo necessitadas, não possuem essa competência.

Sempre é tempo de adquirir conhecimentos que possam mudar nossas vidas.

Escrevi esta parte neste livro para passar informações essenciais para que cada leitor construa seu próprio critério de administração financeira e eduque seus filhos para que tenham um futuro melhor em qualidade e em quantidade.

À máxima popular "Sabendo poupar não vai faltar", quero agregar:

"Sabendo investir garanta o porvir".

2. IGNORÂNCIA LEVANDO À POBREZA E AO ESTRESSE

Até hoje permanece na maioria das famílias um silêncio estranho sobre o que fazer com o dinheiro que se ganha. Muitos são os preparos para o "como se ganhar dinheiro". Mas poupar, para alguns, era o máximo que se dizia em termos de educação financeira.

Assim como sempre se dignificou o trabalho, o ser rico era malvisto. Ele era chamado de "tubarão", termo que, pelo Dicionário Aurélio, significa "Industrial ou comerciante ganancioso, que se vale de quaisquer meios para aumentar os seus lucros, contribuindo para a elevação do custo de vida". Também ouvi muitos dizerem "sou pobre, mas sou honrado".

Estar pobre ou rico não cabe somente à sorte. Em geral, pobre é a pessoa que não conseguiu ganhar dinheiro ou administrar bem o que recebeu. Muitos profissionais ganharam bem, mas não se tornaram ricos por falhas na administração financeira.

"Investimento garantido é o imóvel." Com essa máxima, muitos compraram imóveis para garantir a família das intempéries financeiras. Tenho colegas médicos que compraram casa própria, casa de campo, casa de praia, bons carros, mas vivem estressados, pois têm patrimônio, mas precisam continuar trabalhando cada vez mais para cobrir as despesas de tudo isso.

3. INTIMIDADE COM O DINHEIRO

Se existem pessoas ricas no planeta é porque elas souberam de algum modo administrar suas finanças. Para quem ainda não tem esse conhecimento, sempre é tempo de aprender para não deixar o dinheiro escapar das mãos.

Para quem quiser se alfabetizar financeiramente, existem muitos livros de leitura fácil e prazerosa que podem ser localizados na bibliografia deste livro.

Para iniciar conversas familiares sobre educação financeira, é importante que se desfaça o mito de que os pais não devem falar sobre dinheiro com seus filhos. Devem, sim, e falar muito. Mas falar do dinheiro focalizando a sua importância para viver bem, explicando que é bom ter dinheiro como também é bom ter conhecimentos.

Tanto o dinheiro quanto os conhecimentos não possuem valor por si mesmos, mas ganham importância com seu uso e podem ser bons ou ruins de acordo com o perfil ético das pessoas que os têm, isto é, conforme eles forem usados para o bem ou para o mal.

Quando um filho pequeno pede para comprar uma figurinha, um doce, um brinquedinho, ele já tem noção de compra. Tudo tem um custo. O vendedor sempre confere o dinheiro que entra e o troco mais a mercadoria que saem. Essa já é uma operação financeira que o filho apreende. O passo seguinte é aprender.

Essa conferência do dinheiro pode ser feita automaticamente num simples olhar ou num conferir ostensivamente. Os pais podem chamar a atenção para o filho perceber essa primeiríssima lição: dinheiro é algo que se confere sempre.

O filho nessa idade aprende por imitação. Se o filho pega o troco e o entrega ao pai, é importante que ele o confira na frente do filho, não por desconfiança, mas pelo fato de que o conferir dinheiro faz parte da educação financeira para o resto da vida. Não deve haver irritação, exageros e rigidez nessa operação, pois estes são os fatores emocionais que atrapalham a educação financeira.

4. VALOR DO DINHEIRO

Quando o filho pede dinheiro ao pai para comprar algo sem que o pai veja, está na hora de passar também o valor do dinheiro.

Qualquer mãe e/ou pai podem a qualquer momento contar o dinheiro que têm consigo. Chame um filho pequeno para ajudar a separar o dinheiro fazendo montinhos das notas ou moedas iguais. Todos vão ficar felizes. Estão "brincando", estão aprendendo. Se tiverem tempo, e o filho estiver disposto, vale a pena reparar em quanto vale cada dinheiro.

Hoje se encontram joguinhos com dinheiro de brinquedo, incluindo administração e operações financeiras. Como dirigir um carro sem aprender as regras de trânsito? É o aprender com prazer, para gostar.

Dar dinheiro nas mãos do filho é delegar-lhe um poder. Ensina-se o uso bom do dinheiro e procura-se o "bater das contas", isto é, o dinheiro que saiu do bolso tem que voltar sob forma de troco mais gastos.

Quando o filho aprende a fazer contas na escola, podemos estimular a aritmética e a matemática com algumas questões como: "De quanto dinheiro você precisa para comprar um doce?"; "Quantos doces pode comprar com este dinheiro?", etc. Aceitar bem essas perguntas significa que o filho pode ter facilidade para o raciocínio matemático. Se os pais conseguirem manter e estimular essas questões, sem aborrecer o filho, talvez ele adquira prazer em mexer com dinheiro e rapidamente entenda o poder de compra que ele tem.

5. MESADA

A criança aprendeu a fazer as contas? Está na hora de estimarem juntos uma mesada. Tudo tem seu tempo. Como estabelecer mesada se nem conta um filho ainda sabe fazer? Como fazer conta se o filho ainda não aprendeu que tudo custa dinheiro? Não se trata de fazer do filho um sovina ou um ambicioso, mas de ensinar-lhe as regras financeiras do jogo da vida.

Daí a importância de listar os gastos, porque dessa lista podem surgir os itens incluíveis na mesada. Tudo o que não for vital (como CDs, sorvetes, figurinhas, revistas, baladas, etc.) deve ser pago pela mesada. São as despesas não obrigatórias variáveis. As despesas obrigatórias fixas ou variáveis como lanches tomados na escola, mensalidades (escolar, clube, outras associações, etc.), vestuário escolar, livros didáticos, condução, etc., não devem ser incluídos na mesada.

A quantia de mesada deveria ser estabelecida em função do que o filho precisa e não conforme as posses dos pais.

A existência de mesada organiza o fluxo de dinheiro em casa, pois não é mais para os pais darem dinheiro quando puderem, ou os filhos ficarem pedindo quando precisarem. Faz parte do jogo da vida que os assalariados recebam por mês, os autônomos, por serviços prestados, os empresários retirem seu dinheiro dos lucros aferidos e os investidores, da realização dos lucros.

A maioria dos pais de adolescentes de hoje reclama da desorganização dos filhos e de suas bagunças. A mesada é uma importante base para a organização financeira, assim como são os recebimentos dos pais.

É importante para todos que os pais saibam que os gastos da mesada precisam ser supervisionados no começo até que os filhos aprendam o uso correto e ético do dinheiro. Não é porque a mesada pertence ao filho que ele pode fazer o que quiser com o dinheiro.

Significa má administração financeira uma criança gastar o seu dinheiro do lanche (despesa obrigatória variável) comprando figurinhas (despesas não obrigatórias variáveis). Seria gastar com supérfluos, desde criança, o dinheiro reservado ao essencial. Como um adulto que gasta o dinheiro do aluguel da sua casa bebendo cervejas.

Um exemplo desse poder inadequado sobre o dinheiro: o adolescente gasta sua mesada para comprar drogas. Não importa que o dinheiro seja do filho, ele não pode alimentar a rede ilegal, destrutiva e sem ética do tráfico das drogas. Lembremos que a mesada tem finalidade educativa.

6. DEZ GRANDES LIÇÕES APRENDIDAS COM MESADAS (RECEITAS) CURTAS

O mês não acabou, mas a mesada já. E agora, o que fazer? O que os pais podem ensinar? Como?

"Quem nunca comeu mel, quando come se lambuza", diz um ditado popular. É preciso que os pais eduquem seus filhos para que aprendam a administrar financeiramente suas mesadas.

Essas lições podem ser adaptadas para quem tem dinheiro contado para os gastos mensais, principalmente quem administra as compras da casa.

● Primeira lição: É muito mais fácil gastar do que receber dinheiro.

Num mercado capitalista quem acumula dinheiro é vencedor, porque é muito mais fácil deixar o dinheiro escapar das mãos do que administrá-lo bem.

A tendência natural é gastar mais do que se pode, já que sentimos mais necessidades e desejos que o dinheiro que temos. O dinheiro dá poder material, mas também o limita conforme a quantia que se tem.

Se uma criança não for educada com limites, ela sempre vai achar que pode comprar tudo, já que a mãe e/ou o pai sempre têm dinheiro no bolso. O foco dela está no objeto que ela quer e não em como o dinheiro entrou no bolso dos pais. Assim, o limite de gasto da criança não existe naturalmente. É um conhecimento que tem que ser construído dentro dela.

Na adolescência, surge o uso do cheque e do cartão de crédito. Os jovens aprendem a lidar com tais recursos, mas não materializam o gasto. Tanto faz passar um cheque ou um cartão de 20 reais ou de 300 reais. O processo de pagamento é o mesmo para qualquer valor. Seria diferente se o adolescente tivesse que pagar com seis notas de 50 reais. É muito educativo o adolescente ver tanto dinheiro saindo do bolso dele, ele que tem que guardar as moedas...

Portanto, é muito importante e educativo que os provedores determinem um limite para a mesada. Para os que gastam sem controle, não se aumenta simplesmente a mesada. Ensina-se a controlar as saídas.

● Segunda lição: O dinheiro impõe limites às vontades.

O dinheiro estabelece um limite numérico para a vontade. Assim se educa a vontade, não se pode comprar tudo o que se deseja.

Quando se toma um caminho, deixou-se de tomar o outro. Felicidade é não chorar pelo caminho não tomado, mas usufruir o caminho escolhido. Todo gasto é um caminho.

Quanto mais conhecimentos uma pessoa tem, maior é o número de frustrações. Entre um CD, um livro e um ingresso de um *show*, quem estabelece o limite da compra também é o dinheiro, se os três empatarem nas priorizações. Se comprar um, perde o poder de compra dos outros dois.

Existem pessoas que nem curtem o que compraram, sofrendo pelo que deixaram de comprar. Isso sim, é um grande desperdício da mesada. Como não ficam satisfeitos com o que compraram, logo querem comprar outra coisa.

Assim, não há mesada que chegue!

● Terceira lição: Dinheiro pode causar mais frustração que felicidade.

O dinheiro nos impõe frustrações. Para cada objeto que é comprado, muitos outros são deixados de comprar. Para uma satisfação, muitas insatisfações são geradas. No meio de muitos competidores é que surge somente um campeão. Todos querem ser campeões.

Vontade campeã é aquela que vinga sobre outras vontades. Sempre que realizamos uma vontade, as outras vontades perderam. Aprendendo a enfrentar essas frustrações, chegaremos à sabedoria de não nos dobrarmos ante o capricho das inúmeras vontades perdedoras.

O aprendizado financeiro saudável consiste em poder ser feliz já com o pouco que temos, pois a felicidade está dentro de nós e nós a projetamos onde quisermos. A felicidade começa no poder de escolha que temos.

● Quarta lição: A mesada estabelece prioridades entre o essencial e o supérfluo.

Uma vez que a mesada tem limites estabelecendo-se as prioridades, o que sobrar pode ir para os supérfluos.

Antes de gastar qualquer quantia, vale a pena fazer três perguntas: "Eu preciso realmente disso? Para quê? Preciso comprar agora?"

Assim, provavelmente muitos supérfluos seriam descartados a tempo. A magia do marketing de vendas é transformar produtos supérfluos em essenciais.

A sabedoria na administração financeira devolve a superficialidade a esses "essenciais". Aos que sabem e atendem suas necessidades essenciais, são permitidos alguns supérfluos. Os que vivem dos supérfluos não terão condições financeiras de atender suas necessidades essenciais.

Quinta lição: Nem sempre o essencial é tão caro quanto o supérfluo.

Ninguém é rico o suficiente para ficar comprando supérfluos. Em todos os níveis é mais fácil gastar do que receber, mesmo entre os milionários, porque os supérfluos dos milionários também têm preços assombrosos.

Não saber diferenciar o supérfluo do essencial é não saber viver. Grandes conflitos entre conviventes podem surgir por não se estabelecer a diferenciação entre o essencial e o supérfluo.

Maslow montou a pirâmide das necessidades usando como sua base as necessidades fisiológicas, que, uma vez satisfeitas, dão lugar à segunda camada, as necessidades de segurança, e assim sucessivamente vêm a camada das necessidades sociais e a das necessidades de estima; no topo, aparecem as necessidades de autodesenvolvimento.

Conforme o grau de saciedade das necessidades que o humano atinja, mais clara fica para ele a distinção entre essencial e supérfluo. Para um filho que não conhece a prioridade das necessidades, pode ser essencial a compra de um brinquedo que ainda não tem. Mas, sem dúvida, ele tem que aprender que, se não comer, não vai brincar...

Para a educação financeira, toda compra que não se usa, não se curte, e sequer se negocia é um desperdício. O desperdício é sempre muito caro, pois é o dinheiro jogado fora.

Sexta lição: Não se deve gastar o que ainda não se ganhou.

Vários são os costumes, recursos ou procedimentos adotados pelos filhos que acabam com a mesada antes do tempo. Eles ficam fazendo vales, pedindo aos amigos, extorquindo avós, fazendo empréstimos com ágios e juros, etc., e assim terão mesada menor no mês seguinte. Se com mesada integral conseguiram um saldo negativo, com mesadas menores o que acontecerá? Os filhos estão traçando suas ruínas.

No seu livro O alquimista, *o escritor Paulo Coelho relata uma negociação do seu herói, o pastor Santiago, com Melchizedek, rei de Salem, na qual Santiago promete pagar 10% do tesouro que pretende descobrir e Melchizedek responde que se Santiago quiser agora gastar parte do dinheiro que ainda não tem, ele perderá o desejo de trabalhar para consegui-lo.*

● Sétima lição: A frustração e o sofrimento ensinam a ter limites.

De pouco adianta aumentar a mesada e o filho não aprender a administrar suas finanças. Há adultos que quanto mais ganham mais se endividam. Cada vez que os gastos superam as entradas, eles ficam angustiados e estressados. Acabam querendo aumentar as entradas em vez de administrar as despesas.

Se existe um limite de dinheiro na mesada, combinado entre quem dá e quem recebe, é porque ele precisa ser respeitado. Como gastou mais do que devia, é preciso verificar por onde o dinheiro vazou, para que esse furo seja corrigido. Repor e aumentar simplesmente a mesada, além de não educar, pode aumentar o furo.

O filho pode perceber que quando comprou o CD de que tanto gostava numa loja de conveniência, pagou mais caro que o cobrado em outras lojas. Nesse imediatismo de saciar o desejo, ele perdeu a cabeça, acabou gastando mais do que podia e ficou com menos dinheiro para saciar outros desejos.

● Oitava lição: Criar um meio de aumentar os recebimentos (a mesada).

Nada impede que o filho crie meios de aumentar a mesada através de um trabalho extra que em nada prejudique os seus estudos. Um "bico" para ajudar alguém, combinando antes qual a quantia de dinheiro a receber e quanto tempo vai durar a ajuda, é um meio de aumentar a mesada. Essa combinação interpessoal ajuda a construir o conhecimento necessário para pequeninas negociações como essas que servirão de base para futuras grandes operações financeiras.

Existem muitas oportunidades para se ganhar um dinheiro extra. Recolher materiais recicláveis, jornais, revistas, etc., e encontrar um comprador adequado. Oferecer serviços de Internet e Comunicação, se estes forem os campos preferidos de atuação. Deve-se ficar atento para descobrir onde possam precisar de ajuda, ou se esforçar para fazer o que os outros não fazem e assim aumentar a entrada de dinheiro.

Todos esses esforços constroem um corpo de conhecimento que não existe nos livros e nenhum professor pode lhe passar, pois vem da experiência própria de ter trabalhado. É o adquirir fazendo, é o entendimento teórico da sua prática. Esse conhecimento pertence a quem o constrói. Assim se forma o espírito empreendedor.

● Nona lição: Tudo se transforma em dinheiro que se transforma em tudo, menos os valores não materiais.

Lavoisier poderia estar carregado de razão com os conhecimentos vigentes da sua época quando afirmou que "Na natureza, nada se cria, nada se perde, tudo se transforma". Na primeira explicação que os pais podem dar aos filhos sobre mesada, é válido dizer que "Na mesada, nada se cria, nada se perde, tudo se transforma".

Nada se cria significa que a quantia é a combinada e que não crescerá sozinha; se houver gastos a mais, ela vai faltar. Nada se perde significa que o dinheiro não desaparece simplesmente no ar, para algum lugar ele vai. Para descobrir, basta rastrear. Tudo se transforma significa que o trabalho do pai se transforma em dinheiro que se transforma em mesada que se transforma em CD.

O melhor aprendizado é aquele em que o filho compreende que tudo pode ser transformado em dinheiro e que o dinheiro pode se transformar em tudo que é material, mas é bom que também compreenda que há valores que o dinheiro não compra.

● Décima lição: Para o êxito ser alcançado, o planejamento é essencial.

A falta de planejamento dos gastos fica facilmente perceptível se a mesada é curta. São compras impulsivas e não planejadas que furam qualquer orçamento.

O filho criança precisa de uma mochila. A mãe, ou pai, vai junto com o filho para uma loja e lá pede ao filho que escolha uma mochila. O filho escolhe uma bonita, cheia de departamentos e fechos para multiuso. A mãe explica que a mochila é muito grande para ele. O filho faz birra. Vexame geral. A mãe, envergonhada e furiosa, compra a mochila para sair o mais depressa possível da loja. O filho sai contente com uma mochila de adolescente. Se essa mãe tivesse determinado dentre quais mochilas o filho poderia escolher uma, provavelmente a compra teria sido adequada.

O filho precisa saber que a mãe tem um limite de gastos. Esse é um planejamento que mudaria o comportamento dele na loja. Ele primeiro perguntaria se a mãe pode ou não comprar aquela mochila.

Nas primeiras mesadas, é possível que o filho gaste tudo na primeira semana. A conseqüência natural é que tenha que viver o resto do mês sem dinheiro, ou seja, uma vontade descontroladamente satisfeita vai lhe custar um mês de sacrifício. E uma excelente oportunidade para aprender a dividir a mesada em semanas.

Também faz parte do planejamento não fazer compras maiores que a mesada. Para tanto, terá que poupar por um bom tempo para conseguir a soma necessária. Enquanto espera, ele pode fazer uma boa pesquisa de preço, estando atento para ver se o que ele tanto deseja não entrou em promoção.

7. GASTOS IMPULSIVOS E IMEDIATISTAS

Crianças e adolescentes são muito impulsivos e imediatistas. Pode ser pura falta de maturidade, sem más intenções. É a maturidade adquirida que os torna mais prudentes e avaliadores mais integrais. Os pais não deveriam entrar no ritmo dos filhos, mas sim trazê-los para a maturidade financeira.

Aliás, a impulsividade e o imediatismo são características indesejáveis na educação financeira. São essas as características que os vendedores estimulam nos compradores, usando palavras que estes querem ouvir, prometendo realizar o sonho, despertando o desejo de possuir, alimentando a vaidade e o poder.

Sentar e escrever o planejamento de gastos do mês num caderno faz o adolescente refrear um pouco a impulsividade e o imediatismo.

Vales são gastos antecipados financiados pelos pais, mas que terão que ser compensados nas próximas mesadas. É gastar os ovos que ainda estão dentro da galinha.

8. COMBINAÇÕES E CONTRATOS

É preciso lembrar sempre os filhos de que o que for combinado por ambos terá que ser cumprido. Não adianta ficar reclamando depois sobre o que já ficou combinado. Toda negociação deve anteceder à assinatura do contrato.

Todo contrato tem que ser obedecido racionalmente, e nem justificativas nem emoções podem mais alterá-lo. Famílias podem perder residência, empresas serem fechadas, artistas perderem seus shows, motoristas, seus carros, tudo conforme for combinado no contrato.

O filho precisa aprender a importância dos contratos na sua vida. A mesada é uma combinação em que, de uma parte, o filho se propõe a se organizar financeiramente e de outra parte, os pais se propõem a dar o dinheiro estipulado no tempo combinado.

Vale a pena dizer que não existe uma única forma de educação financeira familiar. Cada família é única, formada por seres humanos únicos. Como os resultados da educação surgem no dia-a-dia de cada família, ela mesma tem condições de tomar medidas adequadas para corrigir o que for percebido como erro.

Erros fazem parte do jogo da vida. Não existe a segurança do acerto eterno. O que existe é que a cada dia podemos começar uma nova história porque o amanhã ainda não está totalmente escrito.

CAPÍTULO 4

Desenvolvendo a performance profissional

O bom pasto de um puro-sangue
Custa o mesmo que o de um pangaré...
O que os diferencia é a performance de cada um!

1. RELAÇÃO CUSTO-BENEFÍCIO

O grande sonho de todo jovem é atingir a independência financeira para que ele possa fazer o que quiser com sua autonomia comportamental.

Esse sonho está fadado a não se realizar por dois motivos básicos:

- ele não poderia fazer tudo o que quisesse, mesmo que tivesse bastante dinheiro;
- ele vai ganhar o quanto desejaria somente depois de muitos e muitos anos de trabalho.

O filho está aprendendo o jogo da vida através do trabalho. Todo jogo tem suas regras, e ele tem que aprender as regras da sobrevivência. A primeira regra é a relação custo-benefício.

Se até hoje o filho não a aprendeu, agora não tem mais como continuar desconhecendo essa regra. Quando a souber e realmente aplicá-la, o filho terá conquistado o primeiro grande passo da administração financeira da sua vida.

Um empregado avalia o trabalho que faz e calcula se compensa o salário que recebe. Deve haver um relativo equilíbrio entre o que faz (trabalho) e o que recebe (salário). O que ele faz é o seu "custo" e o que ele recebe é o seu "benefício". Se trabalhar muito e receber pouco, então ele está tendo prejuízo.

Um empregador já pensa diferente. O custo dele é o salário que está pagando e o benefício é a respectiva produção. Se o empregado trabalhar pouco e receber muito, ele terá prejuízo, ou terá lucro se o empregado trabalhar muito e receber pouco.

Se ambos, empregador e empregado, quiserem ter somente lucros, um estará "explorando" o outro e vice-versa. É o sistema "ganha-perde". Para que essa troca seja justa e ética, é preciso que o fiel da balança esteja no meio. É o "ganha-ganha".

É importante que o filho (empregado) tenha pelo menos uma idéia de quanto o seu trabalho rende ou vale ao seu empregador.

Para fazer um trabalho de puro-sangue, é importante não se ater somente às suas funções. Se você puder, faça além e melhor do que o empregador lhe pede. Seja integral e não uma parte.

É bom que os pais peçam ao filho que descubra quem é o pangaré, isto é, o funcionário que sempre reclama para os colegas que "não está sendo pago para isso", e deixa de fazer o que o empregador pediu. Este é o tipo do funcionário retrógrado, pois com ele o sistema é "perde-perde".

2. ESTÁGIO E EMPREGO

Estágio é um tipo de trabalho em que o foco principal é o aprendizado prático de um ofício. Em geral é um período transitório necessário para se adquirir experiência profissional.

Um papel (função, atividade, profissão, etc.) está bem desenvolvido quando nele somos produtivos, espontâneos e criativos. Segundo Jacob L. Moreno, criador do Psicodrama, para chegar a essa maturidade, o papel passa por três etapas: *role-taking, role-playing* e *role-creating.*

O **role-taking** do papel de médico é o estudo da Medicina, o **role-playing** é o estágio e o **role-creating** é o atendimento dos seus pacientes, quando então, com a prática e os estudos mais especializados, pode tratar de doenças inusitadas, cuidar de velhas doenças com novos recursos, descobrir tratamentos para doenças antes não tratáveis, etc.

Quando um jovem começa a trabalhar, é preciso aprender sobre o ofício primeiro. O role-taking (tomar ou assumir o papel) é adquirir os conhecimentos necessários para exercer um ofício seja estudando, observando ou ouvindo a explicação de um monitor. É assumir psicologicamente a responsabilidade de quem vai trabalhar nesse ofício. É ter uma idéia do quê, como, quando e por que fazer para cumprir o seu papel.

Convencionou-se chamar de estágio o aprendizado pela realização prática do trabalho, monitorado ou não. O aprendizado prático é o foco do estágio. Assim, quanto mais complexa for a profissão, maior a necessidade de estágio.

Quando um pastor ensinava seu filho a cuidar das ovelhas, o filho aprendia vendo o pai fazer, ouvindo suas explicações e perguntando o que não sabia. Então o filho começava a executar as tarefas mais fáceis até chegar a pastorear todo o rebanho sozinho. O filho poderia se considerar um pastor quando soubesse pastorear, criar, ordenhar, tosquiar e negociar suas ovelhas, ou seja, virar um profissional do pastoreio com ganho suficiente para o sustento próprio e o de sua família.

Quando um pai quer passar de herança ao filho o seu pequeno negócio profissional, geralmente a técnica é a do estágio como o do pastor. Mas quando o negócio é grande e tem muitos setores, torna-se difícil o pai ser o próprio "monitor". É quando o filho passa a fazer estágio nos diversos setores do negócio.

É através dos estágios em todos os setores de uma empresa que o filho aprendiz desenvolve a sua competência essencial e algumas transversais para seu desempenho no trabalho do pai. O grande sonho de ambos, pais e filhos, é que os filhos herdem com dignidade e competência e prossigam com os negócios dos pais trazendo-lhes mais progresso e expansão.

3. ESTAGIÁRIOS PROGRESSIVOS E ESTAGIÁRIOS RETRÓGRADOS

O **estagiário progressivo** se interessa por tudo e, por saber que está ali de passagem, quer aprender o máximo possível daquele setor. Já demonstra um empreendedorismo que pode ser a sua marca registrada em todos os setores. Ganha o respeito desde já de todos os funcionários com quem esteve junto.

O **estagiário retrógrado** já demonstra uma acomodação por ser autodepreciativo ou por se julgar o "espertinho", que vai receber seu dinheiro sem o mínimo esforço. Freqüentemente falta, chega tarde, quer sair mais cedo, sempre inocente e com justificativas para tudo, responsabilizando tudo e todos pelas suas próprias falhas. Ninguém o respeita desde os primeiros passos do estágio. Geralmente não consegue por mérito próprio galgar postos melhores. Mas quando lhe é dado algum poder de comando, também seu setor não funciona.

O estagiário progressivo nem percebe o tempo passar e antes de ir embora já faz uma previsão do que tem que ser feito no dia seguinte. O estagiário retrógrado fica olhando no relógio, o tempo custa-lhe a passar e nem bem saiu do trabalho já "desliga".

4. COMPETÊNCIA

Competência é a capacidade de produzir, de resolver problemas e de atingir os objetivos. Eugênio Mussak, médico e consultor de empresas, equaciona a competência como sendo o resultado sobre o tempo gasto mais os recursos utilizados. Isso significa que quanto mais tempo e recursos um funcionário gastar para atingir um objetivo, menos competente ele é.

Durante a vida escolar, a competência é medida em termos de aprovação nas provas escolares. Na família pouco se tem educado em termos de competência, pois dos filhos praticamente nada é exigido. Mas há meios utilizáveis pelos pais na vida escolar dos filhos para se medir a competência. Quanto menos tempo levar para estudar e menos recursos e gastos usar para aprender, mais competente será o aluno.

A atual geração de estudantes tem demonstrado fraca competência, pois seus pais gastam muitos recursos para que eles sejam aprovados, e os filhos gastam muito tempo para aprender pouco.

Quando os pais pagam professores particulares, além do tempo gasto, o dinheiro também está sendo consumido. O que representa ter que estudar nas férias porque ficou em recuperação.

Uma repetência escolar, uma recuperação e a ajuda profissional de professores particulares ficaram banalizadas. Não há dinheiro que pague umas férias estragadas, o prazer da convivência familiar, o sonho de desligar a cabeça por um tempo do trabalho (pais), dos estudos (filhos), ficar livre do trânsito, poluição, insegurança, barulho da cidade grande.

Num trabalho, tanto o tempo quanto os recursos são controlados, não existe essa benevolência familiar. Poucos patrões se preocupam com o que se passa com os seus empregados. Hoje os patrões são estimulados a tratarem bem seus funcionários e respectivas famílias, mas nenhum deles fica "sustentando" incompetentes.

Um funcionário é contratado pela sua boa **competência essencial**, isto é, pelo que ele sabe fazer do ofício. Mas o funcionário que mais progride e traz progresso à empresa é o que tem também as **competências transversais**. Estas são como afluentes de um rio que deságuam no principal (essencial). As pessoas que "vencem na vida" são as que têm as competências essenciais e as transversais.

Por mais competente que uma pessoa seja, ela precisa também estar ligada aos valores superiores não materiais como disciplina, gratidão, religiosidade, cidadania, ética, etc. A História fala de líderes que destruíram povos e países por não terem sido éticos.

É a ética que determina o progresso ou o retrocesso da humanidade.

5. COMPROMETIMENTO

Uma das grandes mudanças entre o passado, mesmo que recente, e o presente é a velocidade com a qual tudo passa. Televisão, informações, muitas vontades, poucas realizações, cobranças, prazos, compromissos, etc., tumultuam o cérebro e tudo isso provoca taquicardia, mas pode não atingir a camada mais profunda, que é a do envolvimento pessoal.

Pela educação familiar, os pais são mais comprometidos com os filhos do que a recíproca. Assim, basta ouvir um pedido dos filhos para os pais se sentirem compromissados a atendê-los. Com a escola, o compromisso dos alunos é mais com o "passar de ano" do que com o aprendizado.

Assim o nosso jovem vai se desenvolvendo e sendo desenvolvido com pouco comprometimento com as suas obrigações. Não significa que ele não conheça o comprometimento, pois este se faz presente com amigos, com namorada, com viagens, etc., ou seja, ele se compromete somente com o que lhe interessa e lhe dá prazer.

O comprometimento com a família pode ser construído no dia-a-dia, desde a mais tenra infância, quando a criança cuida e guarda seus brinquedos, até a adolescência, quando tem como responsabilidade cuidar de algum setor da casa, sem que tenha que ser cobrado. O compromisso se desenvolve à medida que a família exige que o adolescente cumpra suas obrigações até atingir o amadurecimento. Então ele cumprirá com as suas obrigações sem que ninguém o exija.

"Vestir a camisa" é o que faz um torcedor consciente de um time, comemorando e festejando as vitórias, amargando as derrotas, defendendo o time contra injustiças e ataques, tornando-se parceiro de sangue de outro torcedor do mesmo time.

A torcida é um jogador extra do time, cujo entusiasmo ou desânimo contagia o time, podendo até influir no resultado do jogo.

Os pais são torcedores dos seus filhos, mas nem sempre a recíproca é verdadeira. Não por mal, mas é que os filhos não foram educados para isso. Nem por isso os filhos deixam de amar seus pais. Portanto, temos que educar nossos filhos enfocando também o seu comprometimento com a família; isso significa melhorar a competência de educador.

Pois entre os funcionários igualmente capacitados, vence o que estiver realmente comprometido com o projeto. Num mercado de trabalho onde tudo pesa (competência, empreendedorismo, valores pessoais e relacionais, educação e ética, etc.), o comprometimento é o envolvimento afetivo positivo com a empresa, e/ou com a equipe e/ou com os parceiros, que ajuda a atingir o sucesso.

6. INFORMAÇÃO E CONHECIMENTO

Após a Era Industrial veio a Era da Informação, quando então informações eram altamente valorizadas chegando a ser usadas como forma de poder. Com o grande salto na área da Comunicação, as informações ficaram facilmente disponíveis, chegando a ser quase gratuitas pela Internet. Uma informação que é utilizada para qualquer ação, pensamento e/ou criação transforma-se em conhecimento.

A diferença corrente entre informação e conhecimento fica fácil de ser constatada nesta situação: numa aula, um professor pode passar os seus conhecimentos sobre a matéria aos alunos, mas estes os recebem como informações. Para os alunos são dados a mais para o cérebro.

Uma informação repetida muitas vezes, em diversos momentos e/ou situações diferentes, fica ou ficará registrada temporariamente até seu uso, quando se tem essa intenção. É como se estuda para as provas escolares. Nesse tipo de registro, a informação é memorizada em bloco, e como bloco é utilizada.

A informação em bloco não se desmonta e fica como que "aderida", e não integrada, ao corpo do conhecimento. Se não se lembra o começo dela, a informação não é evocada. Ou se lembra de tudo, ou de nada.

Conhecimento é informação aplicada na prática, em todos os ramos da vida, que pode modificar o já existente, criar o novo e expandir os limites em todas as dimensões.

Um dos primeiros conhecimentos mentais que o ser humano constrói é quando ele entende o significado das primeiras palavras e usa-as para comunicar-se com outras pessoas. Desde então, o corpo do conhecimento não pára de ser construído até a senilidade.

Um dos dados mais interessantes do conhecimento é que ele se constrói por utilidade, por prazer ou por fortes emoções. O conhecimento não utilizado tende a desaparecer. É assim que ele se torna perecível. Quando usamos um programa novo de computador, geralmente esquecemos o antigo, se o deixamos de usar.

O sistema de ensino atual tem muitos ranços da Era da Informação, quando um aluno era obrigado a carregar muitas informações dentro de si, desde tabelas periódicas a afluentes do rio Nilo, passando por seno e co-seno, além de datas, que reprovavam quem não as soubesse na "ponta da língua".

De que adianta hoje ter as informações na "ponta da língua" se não forem transformadas em conhecimentos? Mudou-se o paradigma, mudou-se a Era, mas muitas escolas permanecem oferecendo informações e exigindo "decorebas". Essas escolas não estão atualizadas e não cumprem suas funções de preparar os alunos para o mercado de trabalho.

No trabalho, o conhecimento é tão valorizado que hoje algumas empresas têm o **"gestor de conhecimentos"**. Conhecido por poucos, estranho para muitos, esse gestor, ou gerente, é o que administra o conhecimento da empresa, não só para torná-lo consciente e agregar valor a quem o possui, despertando-o em quem o desconhece para otimizar seu uso, mas também mostra como se usa a inteligência específica de um determinado setor para integrá-la no todo da empresa. Dessa maneira, o gestor pode ser chamado, como um consultor, para superar impasses, orçar custos, estimular produção, etc.

Poderia ser o professor um gestor de Conhecimento? E por que não também os pais? Bastaria inverterem o processo do aprendizado, estimulando os alunos e filhos a formarem e exercitarem os conhecimentos

A adolescência é um período de busca de autonomia comportamental. Para se sentirem independentes, os jovens buscam fazer o diferente. A experimentação do novo é uma das maneiras de construir na prática o corpo do conhecimento. O estudo formal em escolas tem a finalidade de passar esses conhecimentos sem a vivência do aluno. Não existe tempo hábil para que o aluno tenha que viver tudo o que precisa aprender. Portanto, o conhecimento pode e deve ser também construído por estudos.

7. EMPREENDEDORISMO

Muito valorizado no mercado de trabalho, é um termo bastante novo que engloba valores conhecidos há muito tempo, mas vistos separadamente. É uma mudança de paradigma do mau empregado para o novo trabalhador.

Mau trabalhador é a pessoa que trabalha o suficiente para não ser despedida e reclama que ganha pouco. Mau empregador é o que lhe paga o suficiente para ele não pedir demissão. Acaba se formando um ciclo retrógrado do perde-perde.

Também é mau empregado a pessoa que só faz o que lhe pedem, ou simplesmente a sua obrigação, porque ele poderia fazer algo mais, necessário mas não pedido, que estivesse ao seu alcance, sem desgaste de tempo ou recurso extra. Como é mau também aquele que faz somente o que não lhe pedem e acaba atrapalhando a organização de uma empresa.

Mesmo sendo bom trabalhador, cumprindo "direitinho" a sua obrigação no dever e no horário, se não tiver iniciativa própria, criatividade nem emoção de "vestir a camisa", num trabalho repetitivo, ele pode ser substituído por uma máquina.

Muitos filhos, funcionando como maus empregados, estudam o suficiente para passar de ano, fazendo o mínimo em casa e recebendo tudo de "mão beijada", já que os pais também pouco exigem; estão se desenvolvendo a passos de criancinhas e acabam sendo mal preparados para o trabalho cujas exigências andam a passos de gigante.

Empreendedorismo é o conjunto de várias qualidades humanas como competência, iniciativa, ética, criatividade, ousadia, comprometimento e responsabilidade nos seus atos, especificamente mais focalizados no trabalho, mas que servem para qualquer área da vida. Essas qualidades devem se interdepender totalmente porque a ausência de uma delas pode comprometer o resultado do trabalho.

Cada um de nós tem diversas áreas em atividades simultâneas. Em algumas, somos ousados, mas não responsáveis; em outras, somos criativos, mas sem competência, ou ainda éticos, mas sem iniciativa. O mundo tem caminhado em função dos empreendedores.

Um dos grandes dramas da educação familiar e escolar é que os paradigmas educacionais mudaram e o que servia antes já se tornou obsoleto, mas as escolas e os pais não conseguiram ainda suas atualizações. É preciso que os empreendedores estimulem os conservadores para que expandam os limites da educação.

8. PIT STOPS

Vale a pena os adultos fazerem o "atendimento pit stop" dos adolescentes. Durante a corrida de Fórmula 1, existem as paradas dos carros para serem abastecidos e cuidados para atender às necessidades da corrida.

A vida do adolescente é uma corrida. De vez em quando o filho pára para ser abastecido, para logo continuar na sua corrida. É a hora estratégica da corrida, quando a competência do atendimento pode definir o resultado.

Quem atende a estes pit stops são os pais. O maior cuidado é para que os pais atendam o que os filhos precisam e não o que eles, pais, querem atender.

Para acertar nesse atendimento, é bom que os pais parem o que estão fazendo, escutem com bastante atenção, olhem também para as mensagens extraverbais, pensem sobre o que precisa ser feito, e façam.

Como esse pit stop é educacional, mais importante que uma corrida contra o tempo é o **atendimento integral**. Cada etapa tem sua razão de ser. É na seqüência do parar, escutar, ver, pensar e agir que se passa o objetivo principal da educação, isto é, aquele em que os pais são cada vez menos necessários materialmente, mas mais importantes afetivamente.

É um encontro muito rico no qual existem muitas possibilidades:

- Parando, os pais estão demonstrando que o foco agora é atender o filho.
- Ouvir significa que é o adolescente que tem que expressar suas necessidades e não os pais tentarem adivinhar o que ele quer. (Comunicar o próprio ponto de vista é a base de qualquer relacionamento. O mundo corporativo não vai se esforçar para adivinhar o que seu filho quer.)
- Ver significa captar muito além do que significam as palavras ditas, complementando a percepção das manifestações extraverbais do filho. (Os líderes são especialistas em juntar o que se diz, como se diz e quais as comunicações extraverbais manifestadas.)
- Pensar significa não agir impulsivamente para atender um imediatismo juvenil, mas concluir qual a melhor medida a ser tomada.
- Negociar o que tem que ser feito. (A vida é energia em movimento e sua qualidade depende de negociações. O mundo corporativo vive de "negócios".)
- Quanto melhor o filho for abastecido nos seus pit stops, maior será sua autonomia e menos pit stops fará com estranhos. Sabe-se lá qual o tipo de combustível que o filho poderia receber...

CAPÍTULO 5

Primeiro emprego

A grande caminhada da vida começa pelo primeiro passo.

Pelo primeiro emprego,
o grande sonho profissional põe os pés no chão.
Reúne tudo: felicidade e angústia,
preparo e espontaneidade,
apreensão e cuidado,
ousadia e carinho,
construção e solidariedade,
raciocínio e amor,
progresso e poesia,
competição e humanidade.

O primeiro emprego pode durar a vida toda,
se cada passo seguinte for empreendido como o primeiro.

IÇAMI TIBA

1. A CIGARRA E A FORMIGA: VERSÃO PÓS-MODERNA

Era uma vez uma cigarra que vivia cantando enquanto uma formiga trabalhava de sol a sol. Veio um inverno rigoroso. A cigarra não tinha guardado nada. Sem ter o que comer, foi pedir socorro à formiga, que havia armazenado muito alimento...

Muitos pais cresceram ouvindo essa significativa fábula de La Fontaine. Hoje, a mesma fábula mereceria alguns ajustes:

Era uma vez uma cigarra que vivia cantando, enquanto uma formiga trabalhava e ruminava: "Quando chegar o inverno, essa cigarra preguiçosa vai me pedir comida e eu não vou dar. Todos os anos é a mesma coisa".

O inverno chegou. A formiga estava na sua casa, carregada de provisões, quando bateram à sua porta. "Se for a cigarra, ela vai ver uma coisa", pensou antecipadamente a formiga. "Dessa vez eu não vou ajudar."

Abriu a porta e lá estava a cigarra. A formiga cruzou os braços, franziu os cenhos, abaixou os cantos da boca e, com voz gutural, perguntou: – Veio pedir comida?

– Não – respondeu a cigarra, com expressão feliz. Cabeça erguida, olhou nos olhos da formiga e disse: – Não vim pedir comida. Vim convidar você a dar uma volta em Paris.

– Mas como? – perguntou a formiga, boquiaberta. – Trabalhei tanto para sobreviver ao inverno, enquanto você só cantava...

– Só cantava, mesmo – concordou a cigarra. – Até que surgiu um caça-talentos que vai me empresariar para cantar nas boates de Paris.

Muito contrafeita e carrancuda, a formiga disse: – Não quero nada. E fechou a porta, mais amarga do que antes, por saber que aquela cigarra preguiçosa estaria viajando.

— Quer que eu lhe traga alguma lembrança? — insistiu a cigarra lá de fora. — Afinal, você sempre foi tão solícita e me ajudou tantas vezes!

Orgulhosa, a formiga disse que não precisava de nada. — Tudo o que eu preciso já está aqui armazenado — acrescentou.

Mas quando a cigarra ia sair, a formiga chamou-a de volta e perguntou: — Poderia me fazer um favor?

A cigarra respondeu: — Claro! O que você quer?

A revoltada formiga então lhe disse: — Pois bem, quando você chegar a Paris e encontrar com um tal de La Fontaine, dê um soco no focinho dele.

Moral atual da história:

Há pessoas que são agraciadas pela vida com talentos inatos como Mozart, Leonado da Vinci; outras que se dedicaram e desenvolveram suas habilidades como Albert Einstein, Ayrton Senna; mas os vencedores na vida foram e são, na sua maioria, pessoas plenamente dedicadas a fazer o que gostaram e gostam. Entre estes estão Freud, Bill Gates, Dalai Lama, Steven Spilberg e tantos outros, que são verdadeiros mestres nas suas áreas de atuação.

Uma cigarra poderá viver cantando em Paris, sem trabalhar, se for herdeira, desde que contrate um bom sucessor na empresa que já foi do avô, já passou pela irmandade dos pais e hoje pertence à sociedade de primos. Nunca mais irá pedir comida à formiga.

Alguns empresários descobriram que seria muito melhor que ficar trabalhando nas empresas, seus filhos/netos viverem em Paris dos lucros auferidos por competentes executivos contratados.

2. SEM PREPARO PARA O TRABALHO

O chefe pede para o estagiário, ou empregado-iniciante, fazer uma ligação telefônica.

O estagiário começa a cumprir a tarefa, encontra dificuldades e não a faz. Tem na ponta da língua os motivos pelos quais não fez.

De nada adiantam aquelas respostas porque elas podem até explicar o que aconteceu, mas o fato é que o telefonema não foi concluído.

Há pessoas que não têm educação suficiente para perceber a gravidade do problema de elas não terem concluído o telefonema, nem de avaliar os prejuízos causados. Têm sido elas tão "folgadas" que não seria de repente que evoluiriam para progressivas. São pessoas retrógradas, que argumentam que "fizeram a sua parte, portanto, não têm culpa pelas falhas alheias".

A vida profissional é bem diferente da estudantil. Na escola, o aluno podia deixar de cumprir os seus deveres. Sempre havia um jeito. Mesmo que não houvesse mais jeito, e ele tivesse de ser expulso da escola, tudo era amenizado por um "convite a se retirar da escola".

3. FALHAS ESCOLARES E FAMILIARES

Escolas e famílias, cada qual à sua maneira, não preparam tanto quanto poderiam as pessoas para o trabalho. A realidade da vida adulta não tem muito a ver com a vida estudantil nas escolas e com a vida juvenil nas famílias.

Como estudante, ele poderia pensar: "Se fizer ótimo, mas mesmo que não faça, ainda posso passar de ano". Mesmo que o estudante erre no que o professor pede, ele tem mais uma oportunidade, e mais outra, até conseguir acertar.

Para sua tarefa de estudante ser cumprida, toda sorte de "ajuda" é permitida. Essa "ajuda" sustenta o folgado, portanto, ela é retrógrada, isto é, dificulta e até impede o progresso. A vida do aluno continua praticamente inalterada mesmo com a repetência escolar. Esses pontos, dentre inúmeros outros, já são suficientes para mostrar quanto o estudante vai mal preparado para o trabalho.

Dificilmente ele permanecerá num emprego se errar duas a três vezes para acertar uma; se deixar tudo para a "última hora", a ponto de nem dar tempo para cumprir os deveres; se ficar pedindo "ajuda" a outros empregados para terminar o seu dever. Os outros colegas de trabalho têm cada um os seus próprios deveres a cumprir.

Há famílias que tomam a repetência escolar como algo fatídico que tem que acontecer, já que o filho não estuda. Não, o filho não pode repetir. Ele tem que aprender a cumprir com os seus deveres como base para a formação da sua personalidade.

O mundo do trabalho está pouco preocupado com sua auto-estima, se ele ficou magoado, se está revoltado, se está carente porque levou um fora da namorada. Se ele não cumprir o que tem que ser feito, estará na rua, sem choros nem velas.

Nenhuma empresa nacional ou multinacional mantém um funcionário num cabide de emprego, por caridade ou por filantropia, com o conhecimento dos seus diretores. Ou ele produz, ou está despedido. Se, como estudante, nada mudava, agora, sua vida pode mudar, sim, de empregado para desempregado.

O chefe não é como um professor, que se preocupa com as razões pelas quais o aluno vai mal nas provas, nem como os pais, que levam sempre em conta a auto-estima e a felicidade do filho. Quem reclama dos professores e dos pais, que espere até trabalhar e ter um chefe.

4. PAI-PATRÃO

Nos últimos tempos, em poucos anos, aumentou muito o número de profissões e trabalhos diferenciados a ponto de os pais não conhecerem alguns deles. Ao mesmo tempo muitos pais estão prosperando nos seus próprios negócios. São pais que partiram do "nada" e conseguiram "vencer na vida". Estes querem passar aos seus filhos sua experiência de vida e capacitá-los a administrar seus negócios.

Nesses casos, no seu primeiro emprego o filho tem um pai-patrão. É um relacionamento profissional que se mistura com o familiar. Um filho bem preparado e educado aceita e aprende bem mesmo com esse tipo de relacionamento. Mas aquele que foi mal educado e mal preparado em geral causa confusão e tumultua o ambiente de trabalho e também o clima em casa.

Há homens que se dão profissionalmente muito bem, mas em casa não conseguem ter um bom relacionamento com os filhos. Quando esses filhos vão para o trabalho dos pais, acabam levando para lá os problemas da casa.

Minha proposta é que esses pais façam exatamente o contrário. Levem para casa o que dá resultado no trabalho. Assim, tanto a vida familiar quanto a profissional têm chances de serem harmoniosas.

Entre as várias ideologias que os pais têm de iniciar os filhos a trabalhar nos seus negócios, irei selecionar os extremos: o "filho tem que começar por baixo" e "meu filho não pega em vassoura".

A maioria dos pais tem a idéia de que o filho tem que começar por baixo: varrendo, trabalhando braçalmente no almoxarifado, sendo office-boy do escritório, e assim sucessivamente subindo os degraus, "estagiando" em cada degrau para aprender tudo o que acontece lá.

Na prática, o sonho desses pais nem sempre é realizado, pois todos os seus colegas daquele degrau ou ambiente de trabalho sabem que "aquele" funcionário é o filho do patrão. Isso pode trazer desde um protecionismo a uma perseguição exagerada, o que não aconteceria com outra pessoa qualquer.

Outros pais acham que o filho já tem que usufruir os privilégios e o poder do pai-patrão, mesmo que ainda não tenha nenhuma prática no ramo. Geralmente esse filho chega com idéias de mudar tudo, sem nenhuma visão administrativa nem empresarial, dirigido unicamente pela sua onipotência juvenil ou pelo seu rigor acadêmico de adulto-jovem recém-saído da universidade.

Os motivos para essa forma de iniciar o trabalho estão, na maioria das vezes, na história de vida dos próprios pais. É como o pai que passou fome na infância e hoje entope os filhos de comida.

O que o pai já sabe é que a teoria acadêmica na prática pode ser bastante diferente. Aqui também o sucesso pode vir muito mais da educação e capacitação do filho em saber alavancar o que está ruim, incrementar o que está bom, manter o que está ótimo através de uma visão administrativa e empresarial, sabendo que as conseqüências de suas decisões não dependem mais de aprovação, simplesmente, como uma prova escolar, mas têm que atingir uma determinada meta, que já foi traçada dentro da ideologia da empresa.

Não é raro acontecer de o filho que "nunca pegou numa vassoura" também não conseguir entrar na faculdade. Hoje quem pára de estudar no colegial é considerado analfabeto funcional. Mas a própria idade lhe confere a onipotência juvenil. Trata-se de um ignorante com poder nas mãos. Dê poder a um ignorante e esse mostrará a ignorância e/ou arrogância no poder.

Um senhor de 55 anos tinha um negócio próspero. Começou do zero e com o que ganhou, conseguiu pagar os estudos dos dois filhos. O terceiro filho, de 20 anos, era "temporão", e parou de ir à escola porque não gostava de estudar. O pai resolveu fazer o filho trabalhar com ele. O filho aceitou, desde que não fosse "começar por baixo". Para o pai, não importava se começasse "por cima" ou "por baixo". O que ele queria era que o filho trabalhasse. Este já entrou "mandando". O negócio, próspero nas mãos do pai, começou a soçobrar nas mãos do filho, que se defendia da sua inépcia e incompetência através da onipotência e prepotência...

... e esse pai não foi suficientemente firme para estabelecer os limites adequados necessários ao filho. Justo ele, que foi tão competente para estabelecer um negócio próprio...

5. LARGANDO OS ESTUDOS PARA TRABALHAR

Nem todos os jovens têm facilidade ou prazer em estudar. Mas existem alguns que têm dificuldades reais para estudar, chegando inclusive a adquirir fobia escolar. Cabe um bom diagnóstico da situação, feito com a ajuda de um profissional competente, para descobrir qual o caminho substitutivo do estudo para sua formação profissional.

O abandono escolar deve ser a última atitude a ser tomada.

Existem outras maneiras que podem também ajudar na formação e capacitação profissional. Por exemplo, um estágio num bom local de trabalho, onde o filho possa aprender o que ele gosta, já direcionado para o campo profissional.

Há pessoas que são mais práticas que teóricas. Se precisassem estudar antes o que têm que fazer na prática, talvez não aprendessem. Mas se começarem pela prática, pode ser que consigam se desincumbir da tarefa, explicando o porquê de cada ação prática. Existem escolas profissionalizantes para esse grupo.

Não custa lembrar que os jovens hoje, quando pegam um telefone celular já vão ligando, procurando o menu de opções, experimentando as funções, tudo até usá-lo, sem ter aberto o manual. Os pais da época dos manuais ficam perplexos.

Existem alguns rapazes que querem largar os estudos para trabalhar e ter mais dinheiro em mãos para poder gastar com roupas, baladas, viagens, programas com a turma, etc. São pessoas retrógradas, que priorizam o prazer em detrimento dos estudos.

Existem outros que querem trabalhar meio período e até mesmo há os que querem estudar à noite para trabalhar durante o dia. Se o trabalho for progressivo e em nada prejudicar os estudos, pode até ajudar o estudante a se organizar melhor. O trabalho em si em nada prejudica o homem.

Outros adolescentes são obrigados pelos pais a trabalhar, pois têm tempo ocioso, não gostam de estudar e são euístas. Pode ser que o trabalho desenvolva a disciplina, uma realidade diferente da familiar para enfrentar a vida.

Ao conhecido dito popular "Mente vazia é oficina do diabo" acrescento "Corpo parado é brejo mofado", isto é, ficar largado na poltrona na frente da televisão estraga também o corpo.

6. DILEMAS ENTRE TRABALHO E ESTUDO

Grandes dilemas enfrentam pais de filhos talentosos e brilhantes que querem ser esportistas profissionais (futebol, tênis, etc.), artistas de televisão, modelos, não se incomodando em largar os estudos. Enquanto o lado profissional e o escolar puderem ser complementares, eles podem coexistir. Quando um começa a prejudicar o outro é que surgem os dilemas.

Os dilemas maiores entre pais e filhos, ou entre pai, mãe e filhos, estão relacionados à interrupção, ou não, do estudo ou da profissão. Todos sabem a importância dos estudos. Mas nem todo estudo e aprendizado são feitos somente em escolas. Quando o sucesso profissional é muito grande, há como estudar somente o necessário para sua profissão com cursos especializados e professores particulares.

A revista *Viva Mais*, da Editora Abril, edição nº 278, publicou a notícia de uma garota que, *com apenas 13 anos de idade, venceu o concurso* Ford Supermodel of the World, *em 12 de janeiro de 2005, e assinou um contrato anual de R$ 675.000,00 (seiscentos e setenta e cinco mil reais), o equivalente a quase U$ 20,000.00 por mês durante um ano.* Fica no ar uma dúvida: **é bom começar a trabalhar tão cedo?**

Em destaque, nesta publicação: *"Ensino, base de tudo – Procurar um emprego por não gostar de estudar é a maior roubada. Dificilmente se vai longe na carreira sem se ter uma boa formação.* **O trabalho não substitui a escola!**"

Segundo a lei, "menores de 14 anos não podem trabalhar, salvo com autorização especial do Juizado de Menores".

Essa garota está vivendo uma situação muito especial. Ela é muito especial. Com 13 anos, ela já está fisicamente pronta para ser modelo, com a aprovação dos próprios pais. Mas sua escolaridade é o Ensino Fundamental.

Se os estudos servem para a capacitação profissional e para se atingir boa qualidade de vida, através de um bom salário, num trabalho digno, que proporcione realização pessoal e prazer, para essa modelo os frutos vieram antes dos estudos. Oportunidades servem para pessoas que têm condições de abraçá-las.

Ninguém mais pode jogar fora um trabalho que rende praticamente R$ 2.000,00 por dia, todos os dias, durante o ano todo. Pode-se diminuir a marcha dos estudos, mas não se pode abandoná-los. Deixar de aprender é que não se pode.

Não se espera que uma garota de 13 anos saiba o suficiente para ser totalmente independente. Sua personalidade está em formação. Dinheiro pode "subir à cabeça" e o púbere não formar os valores necessários à família e à cidadania. Aí entram os imprescindíveis apoios, monitoramentos e ajudas.

7. CRISE DE TRABALHO? SAÍDA EMPREENDEDORA

No Brasil existem 7 milhões de pessoas desempregadas. Destas, 50% têm entre 18 e 25 anos. O restante está distribuído entre outras idades. A alta concentração de desempregados está na faixa dos adultos-jovens.

Esses adultos-jovens compõem a geração carona. Essa geração está vivendo de carona com os pais, enquanto não embarca em algo que lhe dê independência financeira.

Muitos dessa geração estão fazendo mais e mais cursos para ter cada vez mais capacitação para concorrer com outros na mesma situação a um emprego.

Currículos cada vez mais cheios invadem via e-mail e correios muitas empresas indistintamente, fazendo com que mesmo as empresas se sobrecarreguem de currículos que muitas vezes nem sequer são tocados. O que significa que nem para entrevistas esses jovens-adultos acabam sendo chamados.

Um dos caminhos que o mercado de trabalho encontrou foi o de aceitar entrevistar pessoas indicadas por conhecidos, amigos e parentes. A maioria dos adultos-jovens que conseguem ser entrevistados o fazem pela rede dos seus relacionamentos e também dos relacionamentos de seus pais e amigos. É o network pessoal.

A colocação depende dos testes de avaliação aos quais todos os candidatos são submetidos. É nessa etapa que vale realmente a capacitação pessoal, todos os cursos feitos, o poder de comunicação, de liderança, de empreendedorismo, de inteligência emocional e relacional, além dos aspectos físicos, disciplina e valores não materiais.

O Brasil está colocado em sexto lugar no ranking mundial de empreendedorismo. Também o Brasil é um dos países que mais exportam executivos. Mais que trabalhar na empresa/negócio da família, o jovem-adulto poderia montar negócio próprio.

É rejuvenescedor aos pais e promissor aos filhos terem negócios próprios. Há muitos negócios pequenos que prosperam quando se juntam a compreensão e a sabedoria dos pais à força de trabalho e ao empreendedorismo dos filhos.

Existe ainda a alternativa de alguns adultos-jovens se unirem, formando uma microempresa que possa atender uma demanda de um mercado dinâmico, ágil, que abre surpreendentes nichos. Tais nichos em pouco tempo ficam saturados, portanto, é preciso muita rapidez e assertividade.

CAPÍTULO 6

O terceiro parto

1. GERAÇÃO CARONA

Há um momento decisivo na vida de todas as pessoas, que acontece entre o fim da adolescência e o início da fase de adulto-jovem: a entrada na vida profissional. É o terceiro parto, quando se nasce para a independência financeira.

Mesmo para um jovem que tenha recebido boa educação familiar e escolar que o tenha preparado para ser independente, esse parto ainda depende da possibilidade de encontrar trabalho ou emprego, ou seja, do estado em que se encontra a situação econômico-financeira do país.

Entrar no mercado de trabalho e se tornar economicamente independente deveria ser uma conseqüência natural do amadurecimento. Entretanto, hoje, nem só o mercado de trabalho está muito competitivo como muitos jovens não se sentem em condições de trabalhar.

Há pais que absorvem compreensivamente esse adulto-jovem formado e desempregado, e eles se tornam parceiros na procura de uma colocação. Esse adulto-jovem faz parte da "geração carona".

Em um passado muito recente, somente se justificava um adulto-jovem em casa se ele estivesse doente ou vivendo algum outro problema pessoal e/ou familiar muito sério.

Hoje, o paradigma pode ser outro por causa das modificações socioeconômicas. Há pais confortados pela presença de adultos-jovens em casa, que longe de serem empecilhos, rejuvenescem a vida da casa, com suas namoradas(os) e amigos(as) com toda a parafernália eletroeletrônica e novidades outras aos quais esses pais não teriam acesso.

É uma aposentadoria diferente com novos e doces encargos. É um outono abanado pelas brisas de primavera, ou mesmo sacudido por chuvas de verão... Mesmo que cheguem netos, por acidentes ou não, estes podem ser sabia e tranqüilamente recebidos para serem cuidados e usufruídos pelos avós, que se renovam a cada convivência...

2. "PAITROCÍNIO" NO TRABALHO

Ainda hoje o trabalho continua sendo um importante pilar da autonomia financeira. Alguns pais tentam ajudar a geração carona, trazendo-a para trabalhar no trabalho deles, enquanto não encontra trabalho no ramo do seu diploma universitário.

Outros pais pedem ajuda aos seus amigos para que incorporem esses adultos-jovens no trabalho, mesmo que seja para pagar um mínimo possível, justificando-se pela importância de estar trabalhando, preferivelmente no ramo para o qual se formou. Não é raro esses pais até pagarem os salários dos filhos, fazendo estes entenderem que quem está pagando é o patrão deles. Esse é um "paitrocínio".

O que eu tenho visto que tem dado melhores resultados é os pais entrarem como sócios financeiros dos filhos, que são alçados para a condição de sócios trabalhadores, numa parceria que seja boa para ambos.

Desses pais ainda há os que se arriscam mais, "dando" um capital para a geração carona começar um negócio. Digo arriscam porque se o filho nunca teve uma responsabilidade em mãos, ele provavelmente não irá adquiri-la de repente.

Os resultados desse "paitrocínio" dependerão mais da própria geração carona. Se esta continuar sendo composta mais de jovens que de adultos, "parasitarão" nessas oportunidades. Sendo mais adultos que jovens, poderão progredir aproveitando muito bem cada passo dado. Muitos empresários começaram suas vidas de sucesso sob um bom "paitrocínio".

Um dos fracassos desse último "paitrocínio" foi o promovido pelo filho adulto que sempre trabalhara com o pai, mas não cumprira com as suas próprias responsabilidades. Não mais agüentando a situação, ambos decidiram que o filho deveria ter o próprio negócio. O grande sonho do filho era ter um bar próprio. O pai deu ao filho um bar montado para que ele "tocasse". Quem sabe o filho tornar-se-ia responsável administrando um negócio próprio que tanto ele quis? Mas em poucos meses tudo rolou não "água abaixo", mas "bebida abaixo". O filho administrou o seu profissional bar como se fosse um bar na sala de visitas de sua casa. Recebia os amigos para beberem juntos e não cobrava de ninguém. Ou seja, continuou um filho gastando e usufruindo do "paitrocínio"... O "paitrocinador" fechou o bar com dívidas a pagar...

3. GERAÇÃO CARONA COM SUCESSO

Um dos segredos do sucesso de ter um adulto-jovem morando na casa dos pais é o posicionamento adotado por ele. Existem três tipos de caronistas que não são adequados porque todos saem prejudicados: o caronista "folgado"; o explorador e o "sufocado".

- O caronista folgado continua como se ainda não tivesse o diploma na mão: acorda de manhã, quando chamado; espera chegar às suas mãos o que quer, mas não acha ruim se não vier; não se incomoda com os problemas da casa, mas também não quer ser um "mala" em casa; para ele tudo está bom porque é pouco exigente, principalmente se depender dele mesmo; etc.
- O caronista explorador é o que faz valer o diploma para ter as regalias: seus pais e irmãos são seus vassalos, que estão lá para servi-lo; reclama muito quando não é servido; recusa-se a ajudar nos serviços da casa; é arrogante, de difícil convivência; prepotente a ponto de atropelar todos em casa; exige o melhor da casa para si; os outros devem reverenciar o rei que ele tem na barriga; etc.
- O caronista sufocado é o que se sente culpado por não conseguir um emprego e tenta compensar fazendo de tudo na casa: um "garoto de escritório" de luxo que faz os pequenos serviços de rua para todos da casa (pagar conta, fazer movimentos bancários, pequenas compras do dia-a-dia) e também conserta e faz tudo em casa (parte elétrica, torneira vazando, televisão que não funciona, etc.).

O caronista adequado é o que tem consciência do momento de vida que está passando, faz tudo para não atrapalhar e o possível para ajudar em casa, mas tem como prioridade a busca de um emprego.

O espaço físico praticamente continua o mesmo que o adulto-jovem ocupava quando adolescente. Se tinha um quarto próprio, ou se dormia com um irmão no mesmo quarto, o status físico geralmente se mantém. Um detalhe importante a ser considerado é a mudança do armário, que agora tem que receber sapatos e camisas sociais, gravatas, ternos, etc.

O tempo dedicado à família começa a mudar porque o adulto-jovem agora tem outros interesses profissionais e afetivos. O controle desse tempo e espaço (quando e como sai e para onde vai) passa a ser totalmente do filho, que teoricamente não precisaria mais prestar contas de suas programações como quando era adolescente.

4. "SAINDO PELA PORTA DA FRENTE"

Significa sair de um local, situação e/ou relacionamento com todas as contas zeradas, sem dever nem creditar favores, sem criar ressentimentos nem sofrer por eles, sem desejos de vingança nem carregando "sapos" dentro de si. Enfim, a situação deveria estar melhor do que antes de a pessoa entrar e a própria pessoa também deve estar melhor que quando entrou. Ou seja, todos melhoraram.

Mais importante que vantagens materiais é sentir-se digno mesmo saindo. Tais vantagens desaparecem com o tempo e o dinheiro muda de mãos. A dignidade não se transfere e o tempo torna-a cada vez mais preciosa.

Aprende-se a "sair pela porta da frente" em casa, com os pais. Significa sair com dignidade para poder ser bem recebido sempre. É uma grande falta de educação sair ofendendo, agredindo, batendo a porta, menosprezando, minimizando o que recebeu, significando, em resumo, "cuspindo no prato que comeu", um "sair pela porta dos fundos".

Quem poderia voltar ao local, relacionamento e/ou situação onde entrou pela porta da frente, mas saiu pela porta dos fundos? Ao assim sair, fechou essa porta atrás de si e nunca mais poderá tê-la pela frente. Não é livre uma pessoa que tem algumas portas fechadas à sua frente.

Assim também os adultos-jovens têm que sair da casa dos seus pais pela porta da frente. Mesmo porque não é a distância física que separa os filhos dos pais e vice-versa, mas sim o fechar afetivo das portas.

5. PREPARANDO FILHOS PARA O NEGÓCIO DOS PAIS

Uma das grandes diferenças que ocorreram nas famílias das últimas décadas foi a grande diminuição do tempo de convivência entre pais e filhos. Dois são os motivos principais: a mãe que trabalha fora e os filhos que vão para a escola com 2 anos de idade. Na adolescência, essa situação se agrava porque os filhos já não mais permanecem onde os pais assim determinaram.

Se os pais não se esforçarem para se encontrar com seus filhos adolescentes, acabam não conhecendo os amigos deles e até mesmo o que está lhes acontecendo na escola, caso a escola não lhes comunique. Os adolescentes somente admitem seus erros até o ponto onde forem descobertos e não encontram como negá-los.

Para piorar um pouco essa situação quase crítica, quando estão juntos, pais e filhos evitam conversas sérias, pesadas ou até mesmo algo que possa contrariar algum membro da família, levando tudo para o "curtir a vida juntos". Querem mais é festa, alegria, papos descompromissados. Gastam essas oportunidades de se atualizarem com amenidades.

"Já que ficamos tão pouco com os filhos, deixamos passar tudo porque não temos vontade de ficar pegando nos pés deles", dizem os pais mais benevolentes. A pergunta que fica é: Se não são os pais a educar seus filhos, quem o fará?

Tudo isso faz com que os pais somente acabem descobrindo quem seus filhos realmente são quando começam a trabalhar juntos. A realidade dos filhos pode estar longe do sonho dos pais.

Existe um denominador comum em várias empresas de sucesso. O avô começou o negócio, o pai e os tios ampliaram e multiplicaram em empresa, e os filhos e primos formam a terceira geração, que será dona da **holding** familiar.

Cabe aqui uma distinção entre herdeiro e sucessor. Herdeiro tem direitos legais sobre a herança. Sucessor é quem vai continuar trabalhando na empresa, ocupando um cargo ou uma função. Herdeiro pode ser sucessor. Para ser sucessor, não é preciso ser herdeiro, pode ser uma pessoa contratada.

Um dos grandes problemas que famílias de alta performance enfrentam é o processo de sucessão. A primeira geração é a do grande chefe empreendedor e criador que respondia sozinho pelos seus atos. A segunda geração é formada pelos seus filhos, uma sociedade de irmãos. A administração societária é muito diferente da individual. Com a entrada de pessoas diferentes através dos casamentos na vida da segunda geração, começam as complicações emocionais, psicológicas, relacionais e administrativas.

A terceira geração é formada pelos filhos dos filhos, que com seus respectivos casamentos e filhos multiplicam mais as dificuldades que as facilidades. Passa esta geração a ser um grande conglomerado de primos-irmãos e primos agregados, cada um com suas pretensões, fazendo confusão entre serem herdeiros e/ou sucessores.

Na realidade, o que se forma é um imenso grupo formado por muitos núcleos familiares, cada um defendendo seus interesses pessoais. Os direitos legais de herdeiro não garantem competência laboral, empreendedora ou administrativa. Mas são os herdeiros que detêm o poder de escolher quais as direções econômicas, filosóficas e sociais a serem tomadas pela empresa ou holding. Os sucessores terão que prestar contas aos herdeiros, que serão todos sócios-acionistas.

É bastante delicada a situação do herdeiro-sucessor que tem que prestar contas a outros herdeiros que sequer sabem onde fica a empresa...

Ocasionalmente o grande chefe pioneiro, mesmo afastado do dia-a-dia, ainda garante suas freqüências na empresa e não raro quer passar ordens pessoais atropelando os sucessores, contratados ou não. Confunde-se geralmente o vínculo afetivo de respeito e gratidão com o de grande patrão. Assim também não é raro um pai indicar seu filho para sucessor por questões afetivas, mais que por competências.

Não é à toa que muitas empresas não sobrevivem à terceira geração de herdeiros.

Uma empresa pode quebrar com o desentendimento entre os herdeiros já da segunda geração (irmãos e cunhados), portanto para a sobrevivência dela é importante que os seus problemas pessoais e dificuldades relacionais sejam resolvidos em primeiro lugar.

6. PROCESSO DE SUCESSÃO: WORKSHOP FAMILIAR

É um *workshop* altamente especializado porque reúne pessoas de:

- diferentes idades, interesses e capacitações;
- diferentes perfis psicológicos;
- antecedentes pessoais e familiares distintos, mesmo sendo consanguíneos;

- cada um com suas próprias pretensões futuras como trabalho e estilo de vida;
- cada um sofrendo pressões, ou não, dos próprios pais;
- alguns já trabalhando na empresa, outros sequer passando por perto;
- uns empenhados no progresso da empresa, outros nas benesses; etc.

Um dos temas mais comuns na sucessão familiar é trabalhar com esta terceira geração (de primos), com ocasionais inserções na segunda (de irmãos) para diferenciar herdeiros de sucessores.

Buscar a melhor solução para o processo de sucessão pode partir para a prática do menos pior até atingir os caminhos mais adequados para todos.

Dificilmente quem pertence ao labirinto encontra soluções se não tiver uma pessoa que o ajude. Dessa maneira, cada um dos integrantes da terceira geração pode buscar solução própria com um assistente particular, profissional ou não.

Se cada primo buscar para si o melhor, logo estarão todos brigando entre si para ficar com o melhor quinhão.

A melhor sugestão é de que haja uma pessoa especializada que possa trabalhar com todos os familiares para o bem da empresa/holding familiar ou do simples negócio familiar e de cada um dos seus familiares. Essa é a tarefa do workshop familiar.

CAPÍTULO 7

Necessidades especiais

Um vazamento que todos os dias molha um pouquinho só,
pode ser pouco para contratar uma reforma,
mas também é muito para deixar como está...

Uma fratura óssea provoca uma correria para levar o filho ao pronto-socorro.
Uma febre alta numa criança faz os pais saírem correndo atrás do médico.

Mas aquele enjôo besta, que não impede o filhinho de ir ao shopping,
deixa os pais alertas, pois é pouco para incomodar o pediatra,
mas é muito para deixá-lo solto...

A essas situações em que não sabemos bem o que fazer,
chamo de necessidades e cuidados especiais.

Porque o vazamento pode ser o duto de água se rompendo.
Porque esse enjôo besta pode ser um começo de apendicite...
Porque "aborrescentes" podem ter sido "crionças".

IÇAMI TIBA

1. O DESVIO DE VERBAS COMEÇA EM CASA

Não há brasileiro que não seja vítima dos desvios de verbas e da corrupção. Sabe-se pelos jornais e revistas que uma parte sustentável da verba destinada à Educação é desviada para o ralo da corrupção. Nem sabemos quantas outras verbas não chegam ao seu destino!

O pior é que o desvio de verbas pode começar já dentro de casa. Nós ensinamos aos nossos inocentes filhinhos a desviar dinheiro desde cedo quando deixamos de cobrar a responsabilidade de cumprir o que foi combinado, como gastar o dinheiro que lhes damos.

Se damos dinheiro para o lanche na escola e ele gasta tudo comprando figurinhas, o filhinho desviou a verba. O poder que lhe foi delegado era para alimento e não para lazer.

Se esse desvio continuar, sua saúde será prejudicada. São os pais que terão que arcar com as conseqüências e terão que destinar outra verba para tratamento ou recuperação da saúde.

Não é porque o filho está com dinheiro na mão que pode fazer o que quiser com ele. É preciso que nós o eduquemos a lidar com o poder. E a entender que nem todo dinheiro que passa por suas mãos lhe pertence.

Do dinheiro para lanche, exija o troco. É uma quantia irrisória como aquele enjôo besta, mas é com essa medida, que não significa desconfiança e sim uma ação educativa, que o filhinho aprende a prestar contas e a exercitar a responsabilidade doméstica que lhe foi confiada. Futuramente será a responsabilidade social.

Os pais não deveriam ficar bravos nem castigar seus filhos no primeiro desvio de verba. É preciso ensinar-lhes que isso não se faz, que é errado. Para isso, precisamos ensinar como se faz, o que está certo. Não se castiga a ingenuidade, mas não se perdoa a desonestidade. Deve-se combinar quais serão as conseqüências se esse desvio for feito outra vez.

2. ÉTICA DO DINHEIRO

Se os pais não controlarem como o filho exerce o seu poder sobre o dinheiro, e ele comprar o que quiser sem a supervisão dos pais, por que na adolescência não compraria drogas? "Afinal", pode pensar ele, "o dinheiro é meu e posso fazer dele o que eu quiser."

Com esse pensamento, o filho não aprende e nem desenvolve a "ética do dinheiro": o dinheiro não pode ser usado para o mal seja de quem ou do que for. Porque o dinheiro da droga vai chegar ao traficante que compra a arma que nos assalta nas ruas.

A "mesada" é uma quantia fixa em dinheiro que o filho recebe em espaços de tempo previamente combinados para que ele administre seus desejos de compras. Se o filho gastar tudo de uma vez, ele vai ficar sem dinheiro até o próximo recebimento. Essa espera educa-o a administrar melhor o seu dinheiro. Quem romper essa espera do próximo recebimento estará deseducando o filho. O filho vai querer furar o esquema pedindo para avós, funcionários, tios, etc.

Se a mesada tiver que ser complementada sempre, de duas uma: ou ela é pequena demais ou o filho é um esbanjador. Caso não consiga se controlar, significa que é muito cedo para mesada. Talvez esteja ainda sendo necessário recebê-la sob forma de "semanada", que é a mesada recebida por semana.

Com a mesada, o filho pode aprender a se organizar, fazer previsões e poupanças para poder comprar algo mais significativo. Assim, os centavos poderão ser importantes. Mas o dinheiro para o lanche ou para qualquer outra obrigação escolar não pode ser desviado.

A família de José, 17 anos, sempre depositou dinheiro na sua poupança desde criança. José aprendeu a trabalhar com investimentos financeiros e hoje tem uma boa soma de dinheiro. O suficiente para querer parar os estudos, comprar uma moto e sair pelo mundo. A família não concorda com essa pretensão de José, que está decidido a realizá-la assim que completar 18 anos. Quer viver de renda. O que preocupa a família de José é que ele, apesar de inteligente, nunca termina o que começa, fica muito agressivo nas suas frustrações, acha-se feio e fecha-se em si mesmo. Não se compromete com nada, nem com garotas. Não usa drogas, mas queria viajar com amigos usuários. Cerveja para ele é refrigerante.

O erro não está no fato de os pais terem feito os depósitos, mas no fato de não terem ensinado a ética do dinheiro ao filho.

3. ADOLESCENTE DESVIANDO VERBA

O desvio de verbas ganha maior visibilidade e gravidade quando os filhos adolescem, pois surgem vontades próprias e os gastos naturalmente aumentam. É preciso mais que na infância que se negociem todos os gastos e se exija a educação financeira.

Os desvios de verba podem ser praticados pelos jovens de diversas maneiras:

- não devolvendo trocos;
- aumentando o numerário de uma despesa como combustível de carro, compras feitas para a casa, não apresentando comprovante de pagamento;
- assinando vales de refeições ou outras despesas não feitas que o jovem retira em dinheiro vivo em locais "conveniados" com a família (clubes, posto de gasolina, padarias), etc;
- justificando gastos indevidos com despesas aceitas.

Os pais podem perceber a existência desses desvios porque aparecem em casa "materiais" e despesas de locais de diversões e programas do interesse do filho.

Como suas "vantagens" podem continuar aumentando, e os familiares não mais acreditam que somente a mesada sustenta tudo, o jovem pode passar a mentir, se a sua própria consciência não exigir dele uma mudança de atitude.

Mas se os pais realmente estiverem interessados, em vez de se desgastarem exigindo que o filho conte a verdade, que passem a rastrear o dinheiro, controlando mais tudo o que passa pelas mãos desse jovem, exigindo os trocos, cortando os "convênios", etc.

Os pais podem verificar se suas medidas estão dando resultados positivos quando o filho começa a mudar seu comportamento como um todo em casa. Ele fica mais aberto e leve, pois não mais precisa esconder o lado ilegal da sua vida, permanece mais tempo em casa, seus amigos "beneficiários" dessas "vantagens" não o procuram mais.

4. PEQUENOS FURTOS EM CASA

Mas se o filho continuar com a vida das "vantagens", mesmo com a família toda controlando o fluxo de caixa, é preciso um trabalho de pesquisa mais profundo e detalhado para se descobrir onde está a receita do filho.

Uma das primeiras atitudes que o filho toma é vender os próprios pertences. Seu quarto começa a esvaziar. E se nada aparece de volta, seus objetos estão sendo consumidos, passando ou não pela etapa da venda.

Na gíria se diz que o relógio **virou droga** quando alguém o entrega para receber a droga. Assim um relógio, um celular, um CD podem "virar" droga. O "virar" passa a ser uma negociação facilitada para a obtenção da droga, pois o usuário não precisa encontrar um receptador para os seus produtos.

A **síndrome da abstinência** é o conjunto de sofrimentos provocados pela falta da droga. Para quem está sofrendo, aliviar-se da dor não tem preço. Essa é a grande vantagem do traficante, que faz um valioso relógio "virar" uma dose de droga.

Ninguém dá nada de graça a ninguém, muito menos o traficante dá a sua mercadoria ao usuário. Fiado poucos vendem. Mas, se venderem, os encargos diretos e indiretos são altos, pois os traficantes buscam cruelmente os pais dos devedores.

Quando o jovem não tem mais pertences seus para "virar" droga, ele começa a levar os pertences da casa. É quando começam a sumir objetos, bebidas, jóias, dinheiros guardados (reais, dólares, euros, etc.) em casa.

Nessas alturas, o filho já começa a apresentar grandes modificações comportamentais, alterações do ritmo e das atividades do cotidiano, queda de rendimento intelectual e afetivo, mudanças na qualidade de relacionamentos familiares e sociais.

Quando existem tais alterações comportamentais e nada some de casa, o risco grande é de o filho estar traficando. O tráfico é um dinheiro fácil de se conseguir, mas o risco é muito grande, pois o filho cai na categoria de traficante, que, pela lei, é um crime inafiançável.

O que pode ajudar muito a evitar esses transtornos é a construção dos valores superiores não materiais, que são gratidão, disciplina, religiosidade, cidadania, ética e educação financeira.

5. PIRATARIA NA INTERNET

Internet é um excelente instrumento para tudo: para o bem e para o mal. São os valores superiores que fazem a diferença entre as duas direções.

Os conectados, não importa a idade, têm o poder quase mágico de visitar o mundo, de conversar com as pessoas em qualquer país, de comprar o que quiser, de fazer movimentações financeiras, de adotar personalidades sentados nas suas cadeiras dentro de suas casas.

O mau uso da Internet acontece quando, para obter "vantagens" pessoais, os usuários lesam pessoas ou empresas, sem que estas percebam logo de início e, quando percebem, já foram lesadas. O dinheiro, as idéias, os segredos profissionais de suas vítimas são roubados silenciosa, abstrata e rapidamente por anônimos *hackers* cuja única arma é o conhecimento e cuja base é a falta de ética.

Muitos desses hackers são adultos-jovens e outros são profissionais da informática. Muitas vezes seus próprios pais e/ou familiares não sabem por onde viajam nem o que fazem eles pela Internet. Mas os produtos desses ciber-roubos logo aparecem materialmente nas casas desses maus-hackers.

Embriagados pela onipotência internáutica, os maus-hackers sentem o poder de realizarem tudo o que quiserem, facilitados pela impunidade do anonimato. A tela está branca para ser preenchida pelo teclado e realizar todos os desejos, mesmo os insanos.

Hoje existem os "seguranças da Internet", que são contratados para evitarem esses roubos, como são contratados seguranças presenciais para proteger as pessoas. Uns poucos são pegos enquanto muitos outros ficam impunes.

6. CIBER-BULLYING

Assim como existem os ciber-assédios sexuais e morais, existe entre os púberes e jovens o **ciber-bullying**.

O ciber-bullying é um assédio moral no qual se usam a violência, o preconceito, a exclusão que discriminam uma vítima, geralmente um colega de escola, focalizando cruelmente uma diferença racial, religiosa, cultural, física e/ou funcional.

A violência física é a grande diferença entre o *bullying* presencial e o virtual. Geralmente os assediadores presenciais acabam complementando seus assédios usando a Internet. Portanto, não fica muito difícil identificá-los, pois as vítimas geralmente sabem quem as maltrata.

As vítimas do ciber-bullying funcionam psicologicamente como as do bullying presencial, isto é, pelas dificuldades que sentem para reagir elas se recolhem, não mais querendo ir à escola, sofrendo uma baixa muito grande na sua auto-estima, trazendo alterações comportamentais e diminuindo bastante o seu rendimento escolar e afetivo.

As crianças sofrem caladas, engolindo tudo. Os adolescentes ficam com vergonha de pedir ajuda, pois eles acreditam que têm que resolver sozinhos esse problema. As garotas chegam às vezes a pensar em suicídio e os rapazes em vinganças com armas.

Como em qualquer situação de assédio, é preciso que se torne pública a existência do ciber-bullying para que o problema seja resolvido. Assim, os pais dessas vítimas deveriam ir à escola e pedirem ajuda aos diretores, orientadores, coordenadores de ensino, e até mesmo aos professores em cujas aulas ocorre o bullying.

É preciso que os responsáveis pela disciplina nas escolas levem em consideração, ao avaliar desde uma discussão a uma briga física, a possibilidade de existência de bullyings.

Também é preciso que os pais conversem seriamente com as vítimas para que sejam identificados seus assediadores e medidas de proteção sejam tomadas. Os assediadores se alimentam da falta de reação de suas vítimas e da permissividade dos adultos que praticam o bullying.

Conclusão

Não poderia eu concluir este livro sem fazer uma breve retrospectiva dos principais pontos abordados e nem deixar de passar uma dica final: "chega de engolir sapos"!

- Acredito que se tornou bem mais fácil entender biologicamente os adolescentes por meio do conhecimento das suas etapas de desenvolvimento e socialmente porque estão em busca da autonomia comportamental através do segundo parto.

- Os hormônios dos seres humanos – cromossomos – continuam praticamente inalterados por milênios, mas a nossa vida – "comossomos" – mudou radicalmente. Nossos pensamentos podem se transformar em segundos, mas nossos afetos e emoções vão se tornando tanto mais estáveis quanto maior for a maturidade.

- A geração dos avós, principalmente, e a dos pais dos adolescentes de hoje não tinham obrigação de saber inglês fluentemente, bastava-lhes o que se aprendia na escola. Saber inglês hoje é básico para um currículo médio, em que o diferencial passa a ser uma 3ª e/ou 4ª língua.

- Muitos pais ainda são de ler o manual antes de "mexer no aparelho" enquanto os adolescentes já "surfam" na Internet sem sequer aprenderem datilografia.

● Antes as esquinas podiam ser consideradas perigosas pela existência das "más companhias"; hoje trancar os filhos no quarto pode ser muito mais arriscado pelas esquinas virtuais onde conversam com qualquer pessoa de qualquer canto do mundo, principalmente sobre assuntos que não se conversam em casa.

● A família pode ter mantido sua estrutura de adultos e crianças, mas tem mudado bastante na sua constituição de adultos provedores e filhos dependentes, que vão desde consanguíneos e de meio-sangue até de sangue "postiço".

● O sucesso dos pais, ou de um deles, não garante a felicidade dos filhos. Os filhos podem escolher profissões que frustram seus pais, deixando-os decepcionados e raivosos porque assim eles arrebentaram sonhos. Ao mesmo tempo, hoje sabe-se que os adultos não devem provocar a ira dos jovens. Vivemos uma era em que a sucessão dos negócios e culturas dos pais para filhos está bastante complicada, para não dizer problemática.

● Mais que nunca os pais têm que preparar seus filhos para serem cidadãos éticos, felizes e competentes. Esse preparo e exercício começa em casa, na vida prática do cotidiano.

● A família não pode mais se fechar em torno dos seus problemas com os filhos, buscando soluções como se estivesse reinventando a roda, enquanto lá fora a corrida é de carros... Hoje a educação tem que ser um projeto e não uma colcha de retalhos costurada a tantas mãos com soluções díspares e até contraditórias entre si.

● As famílias hoje têm que ser de alta performance. Uma equipe em que todos os integrantes têm seus momentos de liderança pelas merecidas e reconhecidas competências.

- Por mais progressiva que seja a família, se um dos integrantes for retrógrado cai a performance familiar. Porque nenhuma família que tenha um integrante químico-dependente, um presidiário, um transgressor social pode estar usufruindo da felicidade familiar, muito menos da comunitária.

- A pedra filosofal dos relacionamentos humanos globais pode ser buscada por meio da compreensão e prática da convivência no cotidiano. O relacionamento perfeito pode não existir, mas é uma constante aspiração de todo cidadão que se preze e queira o bem da sociedade.

- Os relacionamentos humanos podem ser divididos em dois grandes grupos: semelhantes e diferentes. Os semelhantes em: conhecidos e desconhecidos. Os semelhantes conhecidos em pessoas no mesmo nível, e em desnível: acima ou abaixo em relação aos outros.

- Os diferentes e desconhecidos podem nos ensinar suas culturas e costumes. Os grandes problemas surgem no mau relacionamento entre os semelhantes e conhecidos.

- Um pai não é superior porque é provedor do filho, nem este é inferior porque é dependente. Ambos estão em diferentes níveis de desenvolvimento. Assim como o filho não é superior ao pai por navegar e surfar magistralmente pela Internet, onde o pai pode funcionar como um náufrago... Também é uma questão de maior ou menor desenvolvimento e não de superioridade, por estar acima numa habilidade motora sobre as águas, ou de inferioridade, por estar num nível econômico abaixo.

● Quanto mais capacitações e competências uma família abranger, maior será a performance dessa equipe familiar. Famílias de alta performance não só não se desmancham e não regridem com os reveses da vida, mas fortalecem seus vínculos internos e progridem porque aprendem a enfrentá-los e superá-los.

● Assim, dificilmente se prepara um profissional para uma profissão que vai existir no futuro mas que com certeza ainda não conhecemos hoje. Portanto, temos que formar uma pessoa que possa ser generalista globalizada. Tudo isso começa dentro de casa, por meio de um bom estudo e de uma vida progressiva.

● Ter um bom desempenho escolar não justifica ser bagunceiro e/ou respondão. O que cai nas provas não é o lhe cairá na vida. Mesmo o pai que realiza uma alta receita não tem o direito de tratar mal seus empregados. O dinheiro lhe dá poder econômico, mas não o torna superior aos outros.

● Para se formar uma pessoa saudável que possa "vencer" na vida é preciso mais do que ser um excelente profissional. São necessárias outras competências, como educação financeira, alfabetização relacional, desenvolvimento de valores superiores, estabelecimento da rede de relacionamentos (*networking*) pessoal e profissional, etc.

● Não basta amar para se realizar em um relacionamento afetivo duradouro. O amor passa por vários estágios: amor dadivoso, amor que ensina, amor que cobra, amor que troca e amor que retribui.

● Mais que tempo gasto, importa a qualidade da convivência com os filhos, portanto não vale a pena ficar se desgastando com a falta de tempo. Pelo contrário, se ele é escasso, temos que otimizar o seu uso, focalizando as negociações e trocas afetivas na construção da personalidade.

- Não se pode ser feliz engolindo contrariedades. A infelicidade não permite uma educação plena, saudável. A felicidade é construída pela competência de ser feliz. Estar bem sozinha não significa felicidade, se isso custar sacrifícios e sufocos alheios.

- Ser feliz não é ter tudo o que se deseja, mas saber usufruir muito bem o que se tem. Começa a felicidade por não aceitar ser maltratada, ofendida, abusada: nada que fira injustamente a auto-estima. A felicidade continua com o não se permitir fazer aos outros o que não quer que façam a si própria.

CHEGA DE "ENGOLIR SAPOS"!

Pelo* Projeto de Educação Quem Ama, Educa!*, engolir sapos, longe de educar os filhos, deseduca-os, pois aprendem a não respeitar a sociedade.

Contrariedades ou sapos são maus-tratos, palavrões, ofensas, agressões, falta de respeito ao próximo, comportamentos irresponsáveis e abusados, brigas entre filhos por motivos insignificantes, falta de tolerância e solidariedade, etc.

"Engolir sapos" significa que os pais não se manifestam adequadamente aos sentimentos despertados pelas contrariedades provocadas pelos filhos e simplesmente aceitam-nas como se as tivessem engolido.

Se um bebê dá um tapa na mãe, esta não deve aceitar calada, ou seja, "engolir este sapo". Por mais que a mãe entenda que o bebê não estapeou por mal, por não saber o significado do tapa, é preciso que ela ensine ao bebê que não se dão tapas à toa.

Tapa significa agressão. Geralmente o bebê quer brincar e agradar e não sabe como. Portanto, ensina-se a agradar, a fazer carinho. Assim, o bebê fica com mais recursos para expressar amor fazendo carinho ou insatisfação dando tapa.

O melhor mesmo é aprender a "não engolir sapos". Dizer inicialmente um "não" delicado e agradecer se for uma oferta. Mas se houver insistência dizer um "não" mais firme, sem ter que explodir.

Como último estágio, pensar e murmurar mentalmente "se faz parte dela ser insistente, faz parte de mim eu recusar porque definitivamente não quero".

Em qualquer condição mais natural, qualquer pessoa que "engula sapos" vomita-os de volta. Vomitar não é bom, pois os produtos do vômito são sempre piores do que se "engoliu", porque vêm cheios de suco gástrico ácido, de outros "sapos" engolidos anteriormente, etc.

Pais com **vômitos "ensapados"** são horríveis para se conviver e péssimos educadores, pois junto com o "sapo" do momento saem muitos outros "sapos" do passado.

Os sapos não vomitados passarão ao intestino, de onde jamais serão vomitados, e provocarão diarréia ou prisão de ventre.

Diarréias "ensapadas" são explosivas e reativas a qualquer situação mesmo que não incluam novos "sapos". Pessoas que assim procedem vivem no estresse, praticamente como bombas sem pavio, esparramando a diarréia "ensapada" por onde passam, menos no local onde "engoliram os sapos".

São homens que "engolem" ordens, abusos, metas quase impossíveis de serem atingidas e/ou falta de respeito humano vindas dos seus superiores no trabalho. Não tendo condições de vomitar, sob vários riscos, inclusive o de ser despedido, esses homens saem às ruas já brigando contra a própria sombra, reagindo violentamente contra quem os fecha no trânsito, se irritando demais com os semáforos fechados a eles, e, quando chegam em casa, nem seus cachorrinhos se achegam a eles.

Quando chega em casa, o "engolidor" de sapos entra na sala e já vai gritando com o filho adolescente, que está tranqüilamente desmanchado sobre a poltrona assistindo à televisão: "Já estudou?", "O precisa fazer hoje?" e/ou "Vê se faz alguma coisa!"

Um pai nessas condições não consegue ser educador... Primeiro ele precisa conseguir se controlar, separar os contextos e saber que o adolescente não tem responsabilidade direta pelo que lhe aconteceu no trabalho.

A prisão de ventre "ensapada" estraga as pessoas, pois estas se transformam em "sapos". A pessoa lentamente vai pegando as cores do sapo ficando verde-bílis, azul-depressivo ou cinéreo-cadavérico.

São as mesmas cores das bruxas dos desenhos animados. Bruxas não educam. Só fazem o mal. Elas são o mal. Se fizessem o bem, seriam fadas. Portanto, bruxas não podem ser educadores nem pais...

- Uma mãe verde-bílis estraga os outros. Quando ouve algo maravilhoso do filho, sempre lhe retorna algo amargo. Sua fala comum é: "Isso não vai dar certo!" Se o filho não está bem, ela, sim, tem motivos para estar pior. Como uma educadora pode estar sempre pior que o educando?

- Um pai azul estraga a si próprio e é portanto muito ruim para o filho, pois ele acaba desmanchando o prazer dos outros por não acreditar em si mesmo. Como pode um filho se desenvolver com um pai que sequer acredita nele mesmo? Sua fala mais comum é: "Não vou conseguir!"

- O cinéreo-cadavérico é indiferente para o que se passa consigo próprio e com os outros. É como se ele estivesse morto. Já está no tanto faz se o filho usa drogas ou não, se estuda ou não. Acredita que nem Deus possa lhe ajudar. Sua fala mais comum é: "Não adianta tentar nada!"

Todos os seres humanos nasceram para serem felizes. Tanto que o primeiro organizador mental de um bebê, quando já consegue focalizar o seu olhar nos olhos de sua mãe/pai, é um sorriso. Esse sinal sorriso já acontece ao ser humano por volta dos seus três meses de idade.

Assim,

é uma ordem biológica,

uma virtude da sabedoria,

um privilégio da natureza,

uma dádiva divina:

SER FELIZ!

Glossário remissivo

As expressões grifadas são criações e/ou adaptações do autor para facilitar a compreensão das suas idéias, expressas neste livro.

"aborrescência" - é a adolescência tumultuada que incomoda os pais, *p. 42.*

adolescência - é um período de amadurecimento e desenvolvimento biopsicossocial, no qual se afasta da própria família para adentrar nos seus grupos sociais, *p. 34.*

adolescentes retrógrados - são os que mentem; fazem chantagens; fazem o que sabem que não deve ser feito; deixam tudo para a última hora; não se responsabilizam pelo que fazem; não têm disciplina nem ética; usam drogas; cometem transgressões; pirateiam o que conseguem; colam nas provas escolares; não pensam no futuro; etc, *p. 128.*

adulto-jovem - etapa que vai desde os 18 anos até a conquista da independência financeira, *p. 40.*

amor - é uma nova entidade que se forma a partir do encontro entre duas pessoas. Não existe pronto para as pessoas se encaixarem nele. É o vínculo afetivo que traz a soma dos DNAs dos seus envolvidos, e torna-se mais forte que os interesses individuais de cada um, *p. 65.*

amor dadivoso - é o já ficar feliz em servir o filho totalmente dependente (bebê, doente, imobilizado, etc.) para deixá-lo satisfeito, *p. 167.*

amor de retribuição - por gratidão a tudo o que recebeu durante a vida toda dos seus pais hoje senis, os filhos retribuem-lhes agora o amor dadivoso de que eles tanto necessitam, *p. 182.*

amor exigente - é o que exige agradecimento e correspondência do que o filho independente, principalmente adolescente, já recebeu dos pais mais as práticas, ações e falas com respectivos comprometimento e responsabilidade com o que fala e faz, *p. 176.*

amor maduro – entre pais e filhos, é uma dedicação mútua na qual o companheirismo adulto torna-os parceiros compartilhantes na vida e a felicidade está na união e mutualidade do servir e ser servido num forte vínculo afetivo entre eles, *p. 182.*

amor que ensina – pais que ensinam valores, adequações e adaptações relacionais e cidadania para seus filhos crianças em fase de aprendizado, *p. 128.*

aqui e agora expandidos – é o aqui abrangendo toda a geografia do mundo interno e externo e o agora abrangendo todo o tempo passado e futuro, *p. 63.*

assédio – é o cruel abuso do poder, de diversas maneiras, que o assediador exerce sobre sua vítima, que fica revoltada, indignada, mas paralisada, culpada, impotente e envergonhada para reagir e que geralmente sofre em silêncio, *p. 177.*

assédio moral familiar – o assédio ocorre dentro da família no campo moral, sendo o assediador na maioria das vezes o adolescente, tendo como assediados outros familiares, principalmente os próprios pais, *p. 177.*

atendimento integral – é a maneira progressiva de os pais atenderem uma solicitação de um filho: pare o que estiver fazendo, escute até o fim, olhe a comunicação extraverbal, pense progressivamente e aja, estimulando-o a fazer o que já é capaz e ajudando-o no que for preciso, *p. 244.*

autonomia comportamental – necessidade do adolescente, provocada por hormônios pubertários, de buscar sua individualização, saudável para o seu desenvolvimento, *p. 175.*

carona, geração – veja geração carona, *p. 40.*

caronista adequado – é o que coloca a sua busca de trabalho em prioridade máxima, mas retribui o que recebe dos pais, *p. 260.*

caronista explorador – é o que se comporta em casa como uma visita nobre que os serviçais (pais e irmãos) têm que servir, *p. 260.*

caronista folgado – é o que nada faz em casa, mas também pouco exige dos pais, *p. 260.*

caronista sufocado – é o que faz tudo por se sentir responsável por tudo em casa, já que não está trabalhando, *p. 260.*

ciber-bullying - bullying praticado pela Internet, *p. 273.*

cidadania familiar - é um viver cidadão dentro da família, respeitando e fazendo respeitar as suas normas, para o bem comum da casa. Precede a cidadania comunitária e social, *p. 66.*

competência - capacidade de produzir, de resolver problemas e atingir os objetivos, e tanto maior ela será se menos tempo se gasta e menos recursos se utiliza, *p. 73.*

competência essencial - capacidade e resultado de trabalho para o qual se prepara, *p. 237.*

competências transversais - são as competências que funcionam como afluentes que deságuam na competência essencial, *p. 237.*

comprometimento - é "vestir a camisa" da empresa, sentindo-se responsável pelos sucessos e fracassos, defendendo-a contra quem a ataca, zelando por tudo e por todos. A empresa lhe pertence tanto quanto ele pertence à empresa, *p. 237.*

conhecimentos - são informações em ação, isto é, com significado para aplicações práticas, teóricas, comunicacionais, artísticas, espirituais e muitas outras áreas em todos os ramos da vida, que podem modificar o existente, criar o novo, reinventar o inventado, ir além do já descoberto, expandindo os limites em todas as dimensões, *p. 239.*

consultoria familiar - uma modalidade de atendimento psicológico familiar cujo objetivo é fazer um diagnóstico da atual situação familiar e sugerir caminhos alternativos mais saudáveis, *p. 194.*

correio eletrônico - e-mails, torpedos, mensagens escritas transmitidas eletronicamente, *p. 192.*

culpa jurássica de mãe - é a culpa que a mãe sente por não estar junto num acontecimento qualquer com os filhos, acreditando onipotentemente que, se estivesse lá, tal evento não teria acontecido, *p. 187.*

desvio de verbas - verbas destinadas a determinados projetos que são desviadas para benefícios puramente pessoais, causando prejuízos aos outros, *p. 267.*

devaneio - é um simples sonhar pelo prazer de sonhar, sem a mínima pretensão de transformá-lo em realidade. É gastar o prêmio da loteria sem ter jogado, *p. 155.*

diarréias "ensapadas" – eliminações intestinais dos sapos engolidos e digeridos, portanto, sem distinções entre sapos e outras comidas, *p. 282.*

disciplina – é uma qualidade de vida e não um ranço do autoritarismo, um valor que deve ser aprendido, desenvolvido e praticado para uma boa convivência social. Faz parte da cidadania, *p. 67.*

educar – significa extrair a luz do conhecimento já existente nas pessoas, *p. 157.*

empreendedorismo – é o conjunto de várias qualidades humanas como competência, iniciativa, ética, criatividade, ousadia, comprometimento e responsabilidade nos seus atos, especificamente mais focalizados para o trabalho, mas que servem para qualquer área da vida, *p. 242.*

espiritualização – é o incrível poder de abstração que leva o ser humano a outras dimensões que os animais são incapazes de atingir, *p. 64.*

estagiário progressivo – se interessa por tudo e por saber que está ali de passagem, quer aprender o máximo possível daquele setor, *p. 235.*

estagiário retrógrado – freqüentemente falta, chega tarde, quer sair mais cedo, sempre inocente e com justificativas para tudo, responsabilizando tudo e todos pelas próprias falhas, já que está ali de passagem, *p. 235.*

estirão – é um grande desenvolvimento físico, causado sobretudo pelo crescimento dos ossos da coxa e da perna. Geralmente o mocinho cresce para cima e a mocinha, para todos os lados: para a frente (seios), para trás (nádegas), para os lados (quadris), mas muito pouco para cima, *p. 49.*

ética – deveria ser como o oxigênio do nosso comportamento, para a saúde integral da nossa vida: essencial, porém quase invisível. O que for bom para uma pessoa tem que ser bom para todas as pessoas, *p. 62.*

euísmo – é uma sutileza do egoísmo, no qual a pessoa se sente desamada por alguém, quando não é atendida nos seus desejos egoístas. É desenvolvido a partir do outroísmo de alguém, principalmente da mãe, *p. 176.*

família de hoje – é um núcleo afetivo, socioeconômico, cultural e funcional num espírito de equipe em que convivem filhos, meios-filhos, filhos postiços, pais tradicionais-revolucionários-separados-recasados, o novo companheiro da mãe e/ou a nova companheira do pai, *p. 147.*

geração carona - é a etapa na qual os universitários formados estão sentados sobre as suas malas prontas na estrada da vida à espera da oportunidade de trabalho que os leve para a independência financeira. Enquanto esperam, estão morando de carona na casa dos pais, *p. 40.*

geração tween - é uma geração nova, criada pelo marketing para definir um nicho de mercado consumidor específico de produtos juvenis, formada por crianças entre 8 e 12 anos de idade. Funcionando como pequenos adolescentes, os tweens são inteligentes, gostam de desafios, acham outras crianças infantis, já formam, dentro do que podem, pequenos grupos de semelhantes, com quem se comunicam intensamente via Internet e celular, *p. 171.*

holding - é uma empresa constituída de empresas de diversas atividades, *p. 263.*

idade do macaquinho - púberes alvoroçados com a inundação de testosterona, sentem comichão de mexer nos genitais e curiosidade pelo sexo feminino, espiam frestas de portas, buracos de fechaduras, revistas, TV, Internet, correm atrás dos espermatozóides e "descascam suas bananas" todos os dias, *p. 96.*

idade do urubu - o rapaz já tem espermatozóides e se lança freneticamente em busca de uma relação sexual, na busca maior de desempenho do que de prazer. Não importa com quem seja, pois qualquer carniça é filé-mignon, *p. 96.*

infrações domésticas - são transgressões familiares cujas conseqüências imediatas podem ser insignificantes, mas são precedentes das grandes transgressões sociais, *p. 163.*

integração relacional - é um relacionamento progressivo, em busca constante de melhorias, que seja excelente a cada pessoa relacionante, ao relacionamento, às pessoas à sua volta, à sociedade e ao planeta, *p. 124.*

inteligência hormonal - é o conhecimento das ações dos hormônios sexuais - testosterona, estrogênio e progesterona - no nosso comportamento para termos maior usufruto, prazer e controle da vida sexual, *p. 95.*

líder - é a "pessoa cujas ações e palavras exercem influência sobre o pensamento e comportamento de outras" (Dic. Houaiss), *p. 157.*

líder educador - é o pai/mãe que consegue que o filho desperte, veja (consiga ver realizado), identifique, entenda, se entusiasme, se comprometa e realize o melhor que pode o que tem que ser feito, *p. 158.*

linguagem do amor - uso dos verbos ajudar, associar e admirar em todos os níveis de relacionamento progressivo entre as pessoas conhecidas, *p. 141.*

maternagem - maneira de ser mãe, *p. 167.*

menarca - é a primeira menstruação da mulher, *p. 43.*

momento sagrado do aprendizado - tempo, geralmente curto, em que uma criança pára tudo para ouvir as explicações que o "professor" quer dar, *p. 169.*

mundo externo - é tudo o que uma pessoa percebe e com quem se relaciona, mas está fora dela, formado por um tripé que são os seus relacionamentos, atividades e seu ecossistema, *p. 59.*

mundo interno - é tudo o que está dentro de uma pessoa e é constituído por um tripé formado pelo que ela pensa, sente e percebe do ambiente ao seu redor, *p. 59.*

mutação de voz - marca o fim do estirão dos mocinhos, por volta dos 15 aos 17 anos, *p. 51.*

negociação - usada neste contexto, é tudo o que acontece no relacionamento entre duas ou mais pessoas ao longo da vida, sem a frieza mercantilista, mas considerando as trocas afetivas, permuta de favores, intercâmbio de idéias, investimentos na educação, etc, *p. 166.*

negociador auxiliar - pai ou mãe ou substituto que ajude as crianças e outros integrantes da família a resolverem impasses ou injustiças nas suas negociações, *p. 175.*

network educativo - rede de pessoas que os pais formam para educar seus filhos na sua ausência, *p. 164.*

neurotransmissores - mensageiros bioquímicos que carregam mensagens de um para outro neurônio, trabalhando nas sinapses, pontos de contato entre dois neurônios, já que nenhum neurônio toca diretamente outro neurônio, *p. 55.*

onipotentes pubertários - são principalmente os púberes masculinos com 13 anos de idade, em média; reagem contra tudo e todos com convicção, sofrem de mau humor, voltam para casa com o olho roxo, mas felizes por terem "socado" alguém que falou mal da sua mãe e/ou irmã, mais interessados no desempenho sexual que no relacionamento afetivo, *p. 47.*

onipotência internáutica - sensação de imenso poder sentida pelos internautas diante do teclado, protegidos pelo anonimato virtual, *p. 273.*

onipotência juvenil - é a fase do(a) moço(a) com mania de Deus, que vem após a mutação da voz e a menarca, *p. 53.*

onipotência provocada pelas drogas - é o que sente o usuário que acha que controla o uso da droga, que usa porque quer, que pára quando quiser, que não o prejudica, negando toda a realidade que vive. É o embriagado querendo provar que está sóbrio, *p. 92.*

onipotência testosterônica - é a mania de Deus, mais promovida pela testosterona que pelas condições familiares e/ou psicossociais, portanto, mais biológica e instintiva, *p. 53.*

outroísmo - sutileza do altruísmo, é um amor que "poupa" um filho do que ele mesmo tem que fazer, num gesto de extrema solicitude com abnegação de si mesmo, que acaba mais prejudicando que ajudando, porque acaba fazendo do outro um euísta, *p. 176.*

pais progressivos - não estabelecem o que os filhos devem fazer, mas ajudam-nos a encontrar os melhores caminhos, estimulando neles o comprometimento, o empreendedorismo, a responsabilidade, a competência. São éticos e cidadãos, *p. 129.*

pais retrógrados - são os que acham que sempre sabem o melhor caminho para os filhos, ou que carregam sempre os filhos para que eles não se cansem, *p. 130.*

"**paitrocínio**" - uma composição bem-humorada da palavra pai com patrocínio. É o pai bancando todas as despesas de um empreendimento do filho, *p. 258.*

parto, segundo - é a fase da adolescência, quando o filho nasce da família para "cair" no social e buscar sua autonomia comportamental, *p. 31.*

parto, terceiro - é o adulto-jovem que nasce da dependência dos pais e atinge a sua independência financeira, *p. 40.*

paternagem - maneira de ser pai. Bastante evidente a evolução na paternagem em poucos pais que ainda estão aprendendo a arte de ser presente, afetivo e atuante na vida do filho desde bebê. Alguns destes adotam a opção de ficar em casa com os filhos enquanto a mãe vai trabalhar fora para prover a casa, *p. 167.*

pedra filosofal - fórmula secreta que os alquimistas tentavam descobrir para transmudar metais comuns em ouro (Dicionário Aurélio) / **1** ALQ. fórmula imaginária para converter qualquer metal em ouro **2** *Fig.* coisa muito rara e valiosa que se procura obter em vão (Dicionário Houaiss), *p. 122.*

pedra filosofal dos relacionamentos humanos globais - método educacional que o autor busca para transformar os relacionamentos retrógrados em progressivos, *p. 123.*

pit stop educativo - é um atendimento rápido que tem como base maior a educação, entre o piloto (filho) e os mecânicos (pais) na corrida da vida, *p. 196.*

Princípio Educacional da Coerência, Constância e Conseqüência - é um dos princípios do *Projeto de Educação Quem Ama, Educa!*, no qual os educadores têm que manter uma coerência entre si, aplicada de forma constante, e quais as conseqüências previamente combinadas a arcar em caso de não realização do combinado, *p. 169.*

progressivas - são as disposições para ajudar, associar, admirar, aprender, ensinar, evoluir, negociar, concorrer, defender-se, ser feliz, melhorar o mundo, viver, etc, *p. 124.*

Projeto de Educação Quem Ama, Educa! - tem como objetivo fazer do filho um cidadão de sucesso e feliz e como meta que os pais se tornem materialmente desnecessários e se mantenham afetivamente importantes, *p. 150.*

puberdade - processo biopsicossocial que marca o final da infância e o início da adolescência, determinado pela produção de hormônios sexuais, que começa externamente com o nascimento dos pêlos pubianos, *p. 32.*

rebeldia hormonal - é a não aceitação ativa e gratuita, baseada na força da testosterona, contra qualquer sugestão, pedido ou ordem que chegue ao púbere e adolescente, *p. 48.*

relacionamento humano perfeito - é dinâmico, atualizado, equilibrado, compartilhando um bem-querer, com satisfação mútua e plena, interativo com o seu meio ambiente e benéfico para a sociedade, enfim, um relacionamento progressivo numa busca constante de melhorias, *p. 124.*

relacionamento progressivo – é a soma de dois progressivos. Tem um sentido mais ideológico que matemático, *p. 130.*

relacionamento retrógrado – basta que um dos dois seja retrógrado, *p. 130.*

relacionamentos verticais – são compostos por pessoas de diferentes níveis hierárquicos e geralmente trazem nomes diferentes: pai-filho; chefe-empregado; professor-aluno; etc, *p. 134.*

religiosidade – é gente gostar de gente. É a força gregária que nos faz procurar uns aos outros, uma força de união entre as pessoas, uma sensação que até precede o conhecimento da pessoa. A religiosidade precede a religião, *p. 66.*

retrógradas – são as disposições para maldizer, blasfemar, mentir, explorar, exagerar, enganar, chantagear, inferiorizar, superiorizar, extorquir, desprezar, corromper, sabotar, violentar, roubar, matar, etc, *p. 124.*

"sair pela porta da frente" – significa sair de um local, situação e/ou relacionamento com todas as contas zeradas, sem dever nem creditar favores, sem criar ressentimentos nem sofrer por eles, sem desejos de vingança nem carregando "sapos" dentro de si. É sair melhor ou igual do que entrou, *p. 261.*

"sair pela porta dos fundos" – significa sair ofendendo, agredindo, batendo a porta, menosprezando, minimizando o que recebeu, resumindo, "cuspindo no prato que comeu". É sair pior do que entrou, *p. 261.*

"sapos" – "contrariedades", desgostos, frustrações, injustiças, tudo enfim que cause prejuízos materiais, psicológicos, familiares ou sociais que uma pessoa recebe, *p. 280.*

semenarca – é o início da produção de espermatozóides (sêmen) que ocorre na puberdade, *p. 47.*

síndrome da abstinência – conjunto de sofrimentos provocados pela falta da droga, *p. 271.*

síndrome da quinta série – conjunto dos sofrimentos escolares apresentados pelos meninos/garotinhos na quinta série do primeiro grau, por falta de maturidade biológica, *p. 45.*

síndrome da sétima série – é quando a onipotência pubertária atrapalha os estudos do garoto, geralmente com 13 anos de idade, *p. 48.*

solidariedade – é a capacidade que os seres humanos têm para compartilhar alegrias e tristezas, vitórias e derrotas, responsabilidades, necessidades, etc, *p. 68.*

tirania juvenil – imposições que os adolescentes fazem aos seus pais, exigindo-lhes que sejam satisfeitas. Pode facilmente piorar para assédio moral familiar, *p. 176.*

tween, geração – veja geração tween, *p. 171.*

valores superiores – são os valores humanos que transcendem os instintos animais, como amor, gratidão, cidadania, religiosidade, religião, disciplina, solidariedade, ética, etc. Para as religiões de um modo geral, o valor superior é Deus. Para os ateus, o valor superior máximo é o amor, uma das formas de religiosidade, *p. 64.*

"virou" droga – é quando alguém entrega um objeto de valor para receber a droga, *p. 271.*

vômitos "ensapados" – eliminações de sapos engolidos, acrescidos sempre de outros materiais gástricos, *p. 281.*

Bibliografia

AMEN, Daniel G. *Transforme Seu Cérebro, Transforme Sua Vida.* São Paulo: Ed. Mercuryo, 2000.

BERENSTEIN, Eliezer. *A Inteligência Hormonal da Mulher.* Rio de Janeiro: Objetiva, 2001.

BERNHOEFT, Renato e BERNHOEFT, Renata. *Cartas a um Jovem Herdeiro.* Rio de Janeiro: Ed. Elsevier, 2004.

CHALITA, Gabriel. *Os Dez Mandamentos da Ética.* Rio de Janeiro: Editora Nova Fronteira, 2003.

CHALITA, Gabriel. *Pedagogia do Amor.* São Paulo: Editora Gente, 2003.

COATES, V, BEZNOS, G. W. e FRANÇOSO, L. A. *Medicina do Adolescente.* 2ª ed., São Paulo: Sarvier, 2003.

COELHO, Paulo. *O Alquimista.* Rio de Janeiro: Rocco, 1990.

CONSTANTINI, Alessandro. *Bullying: Como Combatê-lo?* São Paulo: Itália Nova Editora, 2004.

COSTA, Moacir. *Mulher – A Conquista da Liberdade e do Prazer.* Rio de Janeiro: Ediouro, 2004.

CURY, Augusto. *12 Semanas para Mudar uma Vida.* Colina, São Paulo: Editora Academia de Inteligência, 2004.

CURY. Augusto. *Pais Brilhantes, Professores Fascinantes.* Rio de Janeiro: Sextante, 2003.

DORIA JÚNIOR, J. *Sucesso com Estilo: 15 Estratégias para Vencer.* São Paulo: Ed. Gente, 1998.

DRUCKER, Peter. *Administrando em Tempos de Mudança.* São Paulo: Ed. Pioneira, 1999.

FONSECA FILHO, J. S. *Psicodrama da Loucura.* São Paulo: Editora Ágora, 1980.
GAIARSA, J. A. *O Olhar.* São Paulo: Ed. Gente, 2000.
GARCIA, R. e NOGUEIRA, P. Galileu: *Teoria da Relatividade: 100 Anos.* Revista nº 161, Rio de Janeiro, Ed. Globo, dez 2004.
GARDNER, Howard. *Inteligências Múltiplas: A Teoria na Prática.* Porto Alegre: Artes Médicas, 1995.
GODRI, Daniel. *Marketing em Ação.* Blumenau: Editora EKO, 1997.
HIRIGOYEN, Marie-France. *Assédio Moral: A Violência Perversa no Cotidiano.* 2ª ed. Rio de Janeiro: Bertrand Brasil, 2001.
KNOBEL, M. e ABERASTURY, A.: *La Adolescencia Normal.* Buenos Aires: Editorial Paidos, 1974.
KIYOSAKI, Robert T., LECHTER, Sharon L. *Pai Rico, Pai Pobre – O que os Ricos Ensinam aos Seus Filhos sobre Dinheiro.* Rio de Janeiro: Elsevier, 2000.
MARINS, Luiz, Ph.D. – *O Poder do Entusiasmo e a Força da Paixão.* São Paulo: Editora Harbra, 2000.
MARTINS, Prof. José Pio. *Educação Financeira ao Alcance de Todos.* São Paulo: Ed. Fundamento, 2004.
McGRAW, Dr. Phil. *Family First.* New York: Free Press, 2004.
MORENO, J. L. *Fundamentos do Psicodrama.* São Paulo: Editora Summus, 1983.
MUSSAK, Eugênio. *Metacompetência: Uma Nova Visão do Trabalho e de Realização Pessoal.* São Paulo: Ed. Gente, 2003.
PALERMO, Roberta. *Madrasta – Quando o Homem da Sua Vida já Tem Filhos.* São Paulo: Mercuryo, 2002.
PEREIRA, Glória M. G. *A Energia do Dinheiro.* 6ª ed., São Paulo, Elsevier, 2003.
RANGEL, A. *O que Podemos Aprender com os Gansos.* São Paulo: Ed. Original, 2003.
RESTAK, Richard, M.D. *The New Brain.* USA: Rodale, 2003.

ROBBINS, A. e WILNER, A. *A Crise dos 25*. Rio de Janeiro: Sextante, 2004.

ROJAS-BERMÚDEZ, J. G. *Núcleo do Eu – Leitura Psicológica dos Processos Evolutivos Fisiológicos*. São Paulo: Ed. Natura, 1978.

ROMÃO, César. *Tudo Vai Dar Certo*. São Paulo: Arx, 2003.

SAVATER, Fernando. *Ética para Meu Filho*. São Paulo: Martins Fontes, 1993.

SILVA, Ana Beatriz B. *Mentes Inquietas*. Rio de Janeiro: Napades, 2003.

SILVA DIAS, V. R. C. e TIBA, I. *Núcleo do Eu*. São Paulo: Edição dos Autores, 1977.

SPITZ, René. *El Primer Año del Niño*. Madrid: Aguillar, 1966.

TIBA, Içami. *Adolescência, o Despertar do Sexo*. São Paulo: Editora Gente, 1994.

TIBA, Içami. *Anjos Caídos*. São Paulo: Editora Gente, 1999.

TIBA, Içami. *Disciplina: O Limite na Medida Certa*. São Paulo: Editora Gente, 1996.

TIBA, Içami. *O Executivo & Sua Família*. São Paulo: Editora Gente, 1998.

TIBA, Içami. *Puberdade e Adolescência – Desenvolvimento Biopsicossocial*. São Paulo: Editora Ágora, 1985.

TIBA, Içami. *Quem Ama, Educa!* São Paulo: Editora Gente, 2002.

TIBA, Içami. *Seja Feliz, Meu Filho*. São Paulo: Editora Gente, 1995.

YAMAMOTO, Edson. *Os Novos Médicos Administradores*. São Paulo: Futura, 2001.

Sobre o autor

Filiação: Yuki Tiba e Kikue Tiba
Nascimento: 15 de março de 1941, em Tapiraí/SP

1968	É diplomado médico pela Faculdade de Medicina da Universidade de São Paulo - FMUSP.
1969 e 1970	Médico residente do Departamento de Neuropsiquiatria do Hospital das Clínicas da FMUSP.
1971 a 1977	Psiquiatra assistente do Departamento de Psiquiatria Infantil do Hospital das Clínicas da FMUSP.
1971 a 2005	Psicoterapeuta de adolescentes e consultor familiar em clínica particular.
1977 a 1992	Professor de Psicodrama de Adolescentes no Instituto Sedes Sapientiae, em São Paulo.
1995 a 2005	Membro da Equipe Técnica da Associação Parceria Contra as Drogas - APCD.
1997 a 2005	Membro eleito do *Board of Directors of International Association of Group Psychotherapy.*
2005	Apresentador do programa semanal "Quem Ama, Educa!", da Rede Vida de Televisão.
2003 a 2005	Conselheiro do Instituto Nacional de Capacitação e Educação para o Trabalho "Via de Acesso".

- Professor de diversos cursos e workshops no Brasil e no exterior.

- Criador da Teoria Integração Relacional, na qual se baseiam suas consultas, workshops, palestras, livros e vídeos.

- Livros publicados

1. *Sexo e Adolescência*, Editora Ática, 10ª ed., 1985.
2. *Puberdade e Adolescência*, Editora Ágora, 6ª ed., 1986.
3. *Saiba Mais sobre Maconha e Jovens*, Editora Ágora, 6ª ed., 1989.
4. *123 Respostas sobre Drogas*, Editora Scipione, 3ª ed., 11ª impr., 1994.
5. *Adolescência, o Despertar do Sexo*, Editora Gente, 18ª ed., 1994.
6. *Seja Feliz, Meu Filho*, Editora Gente, 21ª ed., 1995.
7. *Abaixo a Irritação*, Editora Gente, 16ª ed., 1995.
8. *Disciplina, Limite na Medida Certa*, Editora Gente, 72ª ed., 1996.
9. *O(A) Executivo(a) & Sua Família - O Sucesso dos Pais Não Garante a Felicidade dos Filhos*, Editora Gente, 8ª ed., 1998.
10. *Amor, Felicidade & Cia.*, Editora Gente, 7ª ed., 1998.
11. *Ensinar Aprendendo*, Editora Gente, 24ª ed., 1998.
12. *Anjos Caídos - Como Prevenir e Eliminar as Drogas na Vida do Adolescente*, Editora Gente, 31ª ed., 1999.
13. *Obrigado, Minha Esposa*, Editora Gente, 2ª ed., 2001.
14. *Quem Ama, Educa!*, Editora Gente, 143ª ed., 2002.
15. *Homem-Cobra, Mulher-Polvo*, Editora Gente, 21ª ed., 2004.

- O livro *Quem Ama, Educa!* está sendo editado em Portugal (Editora Pergaminho), Espanha (Ediciones Obelisco) e Itália (Itália Nuova Editori).

- Tem 12 vídeos educativos produzidos em 2001, em parceria com a Loyola Multimídia. São eles: 1. Adolescência. 2. Sexualidade na Adolescência. 3. Drogas. 4. Amizade. 5. Violência. 6. Educação na Infância. 7. Relação Pais e Filhos. 8. Disciplina e Educação. 9. Ensinar e Aprender. 10. Rebeldia e Onipotência Juvenil. 11. Escolha Profissional e Capacitação para a Vida. 12. Integração e Alfabetização Relacional. As vendas desses vídeos atingem mais de **13.000** cópias.

Contatos com o autor
IÇAMI TIBA
Tel./fax: (011) 3031-8909 e 3815-4460
Site: *http://www.tiba.com.br*
E-mail: *icami@tiba.com.br*

PAULUS Gráfica, 2005
Via Raposo Tavares, km 18,5
05576-200 São Paulo, SP